Autora: Cintia Castro

Coparticipação e coordenação editorial: Andréia Roma

Meu Colaborador é Autista, e agora?

EDITORA LEADER

Copyright© 2024 by Editora Leader
Todos os direitos da primeira edição são reservados à Editora Leader.

Diretora de projetos e chefe editorial:	Andréia Roma
Revisão:	Editora Leader
Capa:	Editora Leader
Projeto gráfico e editoração:	Editora Leader
Suporte editorial:	Lais Assis
Livrarias e distribuidores:	Liliana Araújo
Artes e mídias:	Equipe Leader
Diretor financeiro:	Alessandro Roma

Dados Internacionais de Catalogação na Publicação (CIP)

```
C35m
1.ed.  Castro, Cintia
       Meu colaborados é autista, e agora? /
       Cintia Castro, Andréia Roma ;
       coordenadores Andréia Roma. - 1.ed. -
       São Paulo : Editora  Leader, 2024.
          134 p.; 16 x 21 cm.

          ISBN 978-85-5474-213-3

       1. Autoconhecimento. 2. Autismo.
       3. Comunicação. 4. Conscientização.
       5. Crescimento pessoal. 6. Inspiração.
       7. Reflexões. I. Roma, Andréia. II. Título.


06-2024/65                              CDD 158.1
```

Índice para catálogo sistemático:

1. Autismo : Autoconhecimento : Psicologia   158.1

Aline Graziele Benitez – Bibliotecária – CRB-1/3129

2024

Editora Leader Ltda.

Rua João Aires, 149

Jardim Bandeirantes – São Paulo – SP

Contatos:

Tel.: (11) 95967-9456

contato@editoraleader.com.br | www.editoraleader.com.br

Nota da Editora

É com imenso orgulho que apresento o livro "Meu Colaborador é Autista, e Agora?" o terceiro título da coleção "Sou Autista, e Agora?" pela Editora Leader. Destaco-me como idealizadora de obras que abordam o tema do autismo com sensibilidade e profundidade, e esta coleção é uma expressão desse compromisso.

Ao lado da renomada psicanalista convidada Cintia Castro, cuja expertise tem sido fundamental, tenho liderado este projeto com dedicação e visão. Juntas, desenvolvemos um trabalho magnífico, oferecendo *insights* valiosos e orientações práticas para aqueles que buscam compreender e apoiar colaboradores autistas no ambiente de trabalho.

"Meu Colaborador é Autista, e Agora?" é uma obra essencial que lança luz sobre a inclusão no local de trabalho, explorando não apenas os desafios enfrentados pelos colaboradores autistas, mas também as oportunidades e contribuições únicas que podem trazer para as organizações. Com uma abordagem empática e informada, este livro é uma leitura obrigatória para gestores, colegas de trabalho e todos aqueles comprometidos com a construção de ambientes de trabalho mais inclusivos e acolhedores.

A Editora Leader se compromete a continuar ampliando o diálogo e promovendo a conscientização sobre o autismo, e estou emocionada em compartilhar mais este recurso valioso com nossos leitores.

Andréia Roma
CEO Editora Leader

Agradecimento

Agradeço a Deus pela minha vida, por cada passo que Ele me guia e está ao meu lado... Eu sinto a sua presença, OBRIGADA, PAI!

Agradeço a minha família... Ao meu companheiro de vida, meus filhos, meu maior bem, por todo carinho e palavras de afeto sempre de forma inesperada a ponto de deixar meus olhos lacrimejando de tanta alegria e amor

Agradeço aos meus pais, que são fonte de inspiração, luta, persistência e, acima de tudo, meu exemplo de caráter, família e apoio

Agradeço a todos que de alguma maneira confiam no meu trabalho, amigos, médicos, parentes, seguidores de rede sociais

Agradeço a Freud pela minha profissão... Como é maravilhoso desfrutar todo o conhecimento que este grande homem atemporal nos trouxe e nos auxilia dia após dia

Agradeço a Andréia Roma pela confiança e liberdade na escrita, uma amiga querida e sempre amorosa

Agradeço aos meus pacientes, que me ensinam todos os dias como crescer profissionalmente, as risadas, o carinho, a confiança e nossa jornada juntos de muito respeito

Obrigada por tudo, VIDA... Você é maravilhosa e sempre me presenteia com o melhor!

Cintia Castro

Sumário

Introdução 6

Capítulo 1

Introdução ao autismo no contexto corporativo........................ 7

Capítulo 2

Desafios enfrentados por profissionais autistas 14

Capítulo 3

Estratégias para promover a inclusão de profissionais autistas...............16

Capítulo 4

Guia prático para o mundo corporativo 17

Capítulo 5

Depoimentos 119

Capítulo 6

Considerações Finais 129

Referências 132

Anotações 133

Introdução

Convido você a embarcar nesta obra inspiradora e perspicaz, na qual vamos explorar um tema crucial e necessário para a sociedade: a inclusão de pessoas autistas no ambiente de trabalho, intitulado "Meu Colaborador é Autista, e Agora?"

Ao folhear estas páginas, você será transportado para um universo de conhecimento, empatia e descobertas. Afinal, lidar com a adversidade é uma habilidade essencial em nossa sociedade. É hora de abraçar a neurodiversidade e reconhecer o valor único que cada indivíduo traz para a mesa.

Esta obra é uma jornada de aprendizado e reflexão destinada a líderes, colegas de trabalho, familiares e amigos que querem contribuir da melhor forma possível através de conhecimentos e depoimentos. Juntos desvendaremos os mitos e estereótipos que cercam o autismo, enquanto fornecemos uma visão abrangente e prática para estabelecer um ambiente inclusivo e acolhedor.

Através de histórias reais e exemplos concretos, você será apresentado aos desafios e às conquistas de colaboradores autistas. Compreender suas necessidades específicas e adaptar as práticas existentes são passos essenciais para criar um espaço de trabalho verdadeiramente inclusivo, onde todos possam prosperar.

Você encontrará conselhos práticos, estratégias eficazes e recursos valiosos para apoiar a inclusão. Também abordaremos o papel da liderança, a importância da comunicação clara e a promoção de um ambiente livre de preconceitos.

"Meu Colaborador é Autista, e Agora?" é um convite para ampliar horizontes, desenvolver a empatia e nutrir relacionamentos saudáveis no local de trabalho. Juntos, podemos construir uma sociedade mais inclusiva, em que o potencial de cada indivíduo seja valorizado e celebrado.

Prepare-se para embarcar nesta jornada de descobertas, compreensão e crescimento. Estou confiante de que, ao concluí-la, você terá adquirido *insights* valiosos e ferramentas práticas para tornar o ambiente de trabalho um lugar acolhedor e inclusivo para todos.

Boa leitura e que esta obra inspire mudanças positivas em sua vida e na vida daqueles que você conhece. Juntos, como sociedade, podemos contribuir para um futuro mais inclusivo, leve, respeitoso e diversificado.

Capítulo 1

Introdução ao autismo no contexto corporativo

O que é o autismo?

O autismo, também conhecido como transtorno do espectro autista (TEA), é uma condição neurológica complexa que afeta o desenvolvimento e funcionamento social, comunicativo e comportamental de uma pessoa. É importante ressaltar que o autismo é um espectro, o que significa que existem variações significativas na forma como se manifesta em cada indivíduo, podendo variar o nível de suporte apropriado para cada pessoa.

O autismo geralmente apresenta os primeiros sinais nos anos iniciais de vida e pode ser diagnosticado com base em critérios estabelecidos pelo Manual Diagnóstico e Estatístico de Transtornos Mentais (DSM-5). Embora as causas exatas do autismo ainda sejam desconhecidas, acredita-se que haja uma combinação de fatores genéticos e ambientais que desempenham um papel no seu desenvolvimento.

As características do autismo podem variar amplamente, mas comumente incluem dificuldades de interação social, dificuldades na comunicação verbal e não verbal, padrões restritos e repetitivos de comportamento, interesses intensos e específicos, sensibilidades sensoriais e dificuldades na adaptação a mudanças.

Umas das características centrais do autismo é a dificuldade na interação social. Pessoas dentro do espectro do autismo podem ter dificuldade de estabelecer e manter relacionamentos, compreender e responder às emoções dos outros, interpretar pistas sociais sutis e participar de conversas e atividades sociais de forma típica. Isso não significa que elas não desejem se relacionar, mas sim que podem enfrentar desafios em expressar suas emoções e compreender as emoções dos outros.

Além disso, as dificuldades de comunicação são comuns em pessoas com autismo. Isso pode envolver atraso na fala, dificuldade em iniciar ou manter uma conversa, uso repetitivo de palavras ou frases (ecolalia), dificuldade de entender o contexto ou os significados não literais das palavras e dificuldades de compreender e usar a linguagem corporal e as expressões faciais.

As pessoas no espectro também podem exibir comportamentos repetitivos ou restritos. Isso pode se manifestar como aderência rígida a rotinas, interesses intensos e específicos em tópicos distintos, movimentos corporais repetitivos (como balançar as mãos ou balançar o corpo) e sensibilidades sensórias, podendo ser hipersensíveis a estímulos sensoriais, como luzes brilhantes, sons altos, achando-os perturbadores ou dolorosos, enquanto outra pessoa hipossensível a estímulos táteis como texturas específicas, que podem ser aversivos ou superestimulantes. Essas sensibilidades podem afetar a capacidade de uma pessoa de tolerar determinados ambientes ou situações, podendo causar ansiedade ou desconforto.

É importante destacar que cada pessoa com autismo é única, com suas próprias forças, desafios e características individuais. Algumas pessoas com autismo podem ter habilidades excepcionais em áreas específicas, como matemática, música ou arte, enquanto outras podem enfrentar dificuldades mais significativas em várias áreas da vida diária.

Embora não haja cura para o autismo, intervenções precoces e apoio adequado podem ajudar a melhorar a qualidade de vida das pessoas com autismo, isso pode incluir terapias comportamentais, terapias ocupacionais, terapias de fala e linguagem, programas educacionais individualizados e apoio emocional tanto para o autista quanto para a sua família.

É importante enfatizar que o autismo não define a totalidade de uma pessoa. Cada indivíduo tem suas próprias habilidades, perspectivas e potencialidades únicas, e é fundamental promover a inclusão, aceitação e compreensão do autismo na sociedade, permitindo que cada pessoa com TEA viva uma vida plena e significativa.

Autismo no ambiente de trabalho

O autismo no ambiente de trabalho pode apresentar desafios e oportunidades únicas, tanto para o indivíduo com TEA quanto para a empresa. É importante compreender e valorizar a diversidade e as habilidades únicas que as pessoas com autismo podem trazer para uma corporação.

Uma das características do autismo que pode ser observada no ambiente de trabalho é a alta capacidade de concentração em tarefas específicas. Muitas pessoas com autismo têm habilidades excepcionais em áreas distintivas como matemática, programação de computadores, análise de dados e habilidades técnicas. Essas habilidades podem ser extremamente valiosas para as empresas, permitindo que as pessoas com autismo tragam contribuições significativas para suas áreas de especialização.

No entanto, o autismo também pode apresentar dificuldades no ambiente de trabalho. As dificuldades de interação social podem tornar a comunicação com colegas de trabalho e superiores um desafio para as pessoas com autismo. Elas podem ter problemas em interpretar mal conversas sutis, entender as expectativas não verbais e se envolver em conversas informais. Isso pode levar a mal-entendidos e problemas na construção de relacionamentos no local de trabalho.

Os entraves de comunicação também podem ser um obstáculo para o autista no ambiente de trabalho. Ele pode ter dificuldade em expressar suas ideias de forma clara e podem interpretar mal as instruções ou feedback recebidos. Lembrando que muitos autistas desenvolvem estratégias eficazes de comunicação e podem se beneficiar de apoio adicional, como comunicação por escrito, comunicação visual ou sistema de comunicação aumentativa e alternativa.

O local de trabalho adaptado às necessidades sensoriais pode ajudar a minimizar as dificuldades da sensibilidade nesse aspecto, não afetando a capacidade de concentração, estresse e ansiedade.

Hoje podemos observar que as empresas estão se preocupando em criar um ambiente inclusivo e acessível. Isso pode incluir a implementação de políticas de inclusão e diversidade, o fornecimento de treinamento para colegas de trabalho e superiores sobre o autismo e suas características, e a adaptação do ambiente físico e das práticas de trabalho para acomodar as necessidades individuais.

Promover a conscientização e a aceitação do autismo no local de trabalho. Isso pode ser feito através da divulgação de informações sobre o autismo, da promoção de eventos e atividades relacionadas ao autismo e da celebração das habilidades e contribuições únicas das pessoas com TEA.

Programas de mentoria e suporte emocional também podem ser benéficos para as pessoas com autismo no trabalho. Oferecer apoio individualizado, como aconselhamento profissional ou suporte para o desenvolvimento de habilidades sociais, pode ajudar as pessoas com autismo a enfrentar desafios e a desenvolver seu potencial máximo no trabalho, sendo as oportunidades indescritíveis.

Compreender e valorizar a diversidade e as habilidades únicas do autista, adaptar o ambiente de trabalho para acomodar as necessidades individuais e promover a conscientização e a aceitação são passos fundamentais para criar um ambiente inclusivo e acolhedor para todos os funcionários, independentemente de sua condição de neurodiversidade

A inclusão do autista no mercado de trabalho é de extrema importância para a sociedade como um todo. Ao proporcionar oportunidades iguais de emprego, as empresas estão contribuindo para a construção de uma sociedade mais justa e inclusiva.

Um dos principais benefícios da inclusão do autista no mercado de trabalho é o desenvolvimento da autonomia e independência do indivíduo. Ao exercer uma atividade profissional, ele tem a oportunidade de adquirir novas habilidades, ampliar seu conhecimento e se tornar mais independente financeiramente. Isso promove a sua autoconfiança e melhora a sua qualidade de vida.

Além disso, incluir o autista no mercado de trabalho também traz benefícios para as empresas. Profissionais autistas podem trazer uma perspectiva única para a equipe, gerando inovação e criatividade. Sua atenção aos detalhes, habilidades analíticas e capacidade de concentração podem ser extremamente valiosas em diversas áreas, como tecnologia, ciências e engenharia.

A inclusão do autista também pode ajudar a melhorar o ambiente de trabalho como um todo. Ao valorizar a diversidade, as empresas estão criando um ambiente mais inclusivo, onde todos os funcionários se sentem respeitados e valorizados. Isso promove um clima organizacional mais positivo, aumenta a satisfação dos colaboradores e contribui para a retenção de talentos.

Além disso, incluir o autista no mercado de trabalho desempenha um papel fundamental na conscientização e combate ao preconceito e estigma que ainda existem em relação ao autismo. Ao mostrar as habilidades e competências dos profissionais autistas, as empresas estão desconstruindo estereótipos e promovendo uma maior compreensão e aceitação.

Para que essa inclusão seja efetiva, é necessário que as empresas estejam preparadas para oferecer suporte e adaptações razoáveis, de acordo com as necessidades de cada indivíduo. Isso pode incluir treinamento em habilidades sociais, ajustes no ambiente de trabalho e programas de mentoria.

Em suma, a inclusão do autista nas empresas é fundamental para promover a igualdade de oportunidades e construir uma sociedade mais inclusiva. Ao valorizar as habilidades e competências dos profissionais autistas, as empresas estão contribuindo para o desenvolvimento desses indivíduos e para o crescimento econômico e social do país.

No ambiente de trabalho atual, a inclusão de pessoas autistas é um tema de extrema importância. Reconhecendo as habilidades e talentos únicos que os profissionais autistas possuem, as empresas estão buscando criar ambientes de trabalho inclusivos, onde todos os funcionários possam prosperar. Vamos nesta jornada explorar a importância da inclusão de autistas no ambiente de trabalho, as vantagens que eles trazem e as medidas que podem ser tomadas para promover um local de trabalho acolhedor e inclusivo para todos

Benefícios da inclusão de pessoas autistas nas empresas

Contratar uma pessoa dentro do espectro autista pode trazer inúmeros benefícios significativos para uma empresa. A inclusão no mercado de trabalho não apenas promove a diversidade e a igualdade de oportunidades, mas também traz vantagens econômicas, culturais e sociais.

Um dos principais benefícios da contratação é a diversidade de habilidades que eles trazem para a equipe, talvez nunca notadas de forma minuciosa como alguém dentro do espectro pode fazer. Pessoas autistas possuem características únicas, como atenção aos detalhes, pensamento lógico e habilidades analíticas. Essas habilidades podem ser especialmente valiosas em áreas que exigem precisão, como ciência, tecnologia, engenharia e matemática. Ao adicionar essa perspectiva única à equipe, a empresa se beneficia de uma ampla gama de talentos e pontos de vista, o que pode levar a soluções inovadoras e criativas.

Além disso, a contratação pode contribuir para um ambiente de trabalho mais inclusivo e acolhedor de forma geral. Ao reconhecer e valorizar as habilidades dos autistas, a empresa demonstra um compromisso com a diversidade e a igualdade de oportunidades. Isso não apenas fortalece a cultura organizacional, mas também atrai talentos diversos que se identificam com os valores da empresa. A inclusão real na prática cria um local de trabalho mais tolerante e empático, onde todos os colaboradores se sentem valorizados, respeitados e o principal, sem diferença de diversidade e sim reconhecimento de capacidade.

Outro benefício tangível de contratar um autista é o aumento da produtividade e eficiência. Pessoas autistas muitas vezes possuem uma capacidade excepcional de concentração e foco, o que lhes permite se dedicarem intensamente às tarefas designadas. Essa dedicação e o comprometimento com a qualidade podem resultar em um desempenho excepcional e em resultados de excelência. Além disso, a atenção aos detalhes e a abordagem minuciosa podem ajudar a evitar erros e retrabalhos, o que economiza tempo e recursos para a empresa.

A contratação da pessoa dentro do espectro do autismo também pode levar a uma melhoria na comunicação e no trabalho em equipe. O autista tem muito a nos ensinar em todos os campos da vida e no trabalho através de um estilo de comunicação transparente e direto, o que falta inúmeras vezes nas equipes atuais, assim evitando mal-entendidos e promovendo uma comunicação mais clara e eficaz dentro de uma equipe. Além disso, a inclusão incentiva uma cultura de respeito e empatia, onde todos os colaboradores aprendem a valorizar as diferenças e a trabalhar de forma colaborativa. Essa colaboração pode resultar em um ambiente de trabalho mais harmonioso e produtivo.

Outro benefício importante é o impacto social positivo. Ao oferecer oportunidades de emprego para a neurodiversidade a empresa está contribuindo para a redução do estigma e preconceito associados ao autismo. Isso contribui com uma sociedade mais inclusiva e igualitária, onde todos têm a oportunidade de alcançar seu pleno potencial. A empresa se torna um exemplo de boas práticas, inspirando outras organizações a seguirem o mesmo caminho de inclusão.

Principais benefícios de contratar um indivíduo com TEA:

- Diversidade de pensamento e resolução de problemas inovadores
- Habilidades analíticas e atenção aos detalhes
- Melhoria do ambiente de trabalho para todos os funcionários

Capítulo 2

Desafios enfrentados por profissionais autistas

Comunicação e interação social

- Pessoas autistas podem ter dificuldade em expressar seus pensamentos e sentimentos de forma clara e compreensível para os outros. Isso pode resultar em mal-entendidos e afetar a comunicação efetiva com colegas de trabalho, clientes e superiores.

- A interação social pode ser um desafio para profissionais autistas, pois podem ter dificuldade em interpretar e responder a pistas sociais sutis, como expressões faciais, linguagem corporal e tom de voz. Isso pode levar a mal-entendidos e dificuldades de relacionamento no ambiente de trabalho.

- Dificuldade em iniciar e manter conversas informais, o que pode afetar sua integração social e relacionamentos no local de trabalho. Eles preferem falar sobre assuntos específicos de interesse e ter dificuldades em acompanhar conversas casuais.

Sensibilidades sensoriais

- Alguns autistas são hipersensíveis ou hipossensíveis a estímulos sensoriais, como: ruídos, luzes brilhantes ou texturas. Essa sensibilidade pode dificultar a concentração e o envolvimento nas interações sociais tanto no ambiente de trabalho como na sua vida pessoal.

Rotinas e flexibilidade no trabalho

É essencial criar uma rotina que leve em consideração suas necessidades de forma singular para cada autista e proporcionar flexibilidade para acomodar suas particularidades.

Seguem sugestões que comprovam que é possível captar o melhor do colaborador, como:

- Horário flexível: ofereça a opção de horário flexível permitindo que eles trabalhem em horários de trabalho alternativos, como trabalho em meio período ou dias de trabalho não consecutivos.

- Comunicação clara e estruturada: estabeleça uma comunicação clara e estruturada para fornecer orientações e expectativas de trabalho. Utilize ferramentas como e-mails, mensagens instantâneas ou quadros de avisos para que os profissionais autistas tenham acesso a informações importantes e possam se preparar adequadamente.

- Rotina previsível: crie uma rotina consistente no ambiente de trabalho. Isso ajudará os profissionais autistas a se sentirem mais seguros e confortáveis, permitindo que eles se preparem mentalmente para as tarefas do dia.

- Ambiente de trabalho tranquilo: considere a criação de espaços tranquilos e livres de distrações no local de trabalho, onde os profissionais autistas possam se concentrar melhor em suas tarefas. Isso pode incluir salas de descanso ou áreas designadas para momentos de pausa e recuperação.

- Flexibilidade nas tarefas: ofereça flexibilidade e permita que os profissionais autistas trabalhem em projetos que estejam alinhados com suas habilidades e interesses. Isso ajudará a maximizar seu potencial e contribuição no ambiente de trabalho.

Capítulo 3

Estratégias para promover a inclusão de profissionais autistas

Sensibilização e conscientização

- A verdadeira inclusão requer a sensibilidade dos gestores através da conscientização do coletivo dentro de uma empresa.

Adaptações no ambiente de trabalho

- Ambientes de trabalho agitados, com muitos estímulos visuais e auditivos, podem sobrecarregar os profissionais autistas. Isso pode dificultar a comunicação e a interação social, pois eles podem ter dificuldade em filtrar as informações relevantes e se concentrar nas conversas. Superar esses desafios requer empatia, compreensão e ajustes adequados no ambiente de trabalho. Estratégias como oferecer treinamento em habilidades sociais, fornecer orientações claras e diretas, criar espaços tranquilos para descanso e oferecer apoio individualizado possibilitam ajudar os profissionais autistas a superar esses desafios e se sentirem mais incluídos e valorizados no ambiente de trabalho.

Programa de mentoria

- Estabeleça programa de suporte e mentoria para os profissionais autistas. Isso pode incluir a designação de um mentor ou colega de trabalho que forneça orientação, apoio emocional e ajuda na adaptação ao ambiente de trabalho.

Capítulo 4

Guia prático para o mundo corporativo

Pensando em como colaborar de forma prática e objetiva, elaborei um manual para servir de guia com as perguntas e dúvidas mais frequentes que escuto na clínica ou quando realizo trabalho de inclusão dentro das empresas referente ao autismo para que auxilie construtivamente no dia a dia de gestores, colaboradores, amigos, familiares, empresas e todos que querem entender como agir desde a entrevista, contratação, reuniões, cobranças de entregas e prazos de um colaborador dentro do espectro autista.

Segue o guia para auxiliar no processo de inclusão:

Vamos lá...

01 - Uma das perguntas mais frequentes é esta... Por que hoje em dia o número de autistas cresceu bruscamente?

- A verdade é que não estamos tendo um número maior de pessoas com autismo, e sim os profissionais estão se capacitando através de estudos, artigos, leitura, cursos para que possam diagnosticar de forma correta, certeira e mais rápida as pessoas dentro do espectro do autismo, podendo assim iniciar o tratamento precoce. Não posso deixar de comentar que a procura por ajuda e diagnóstico das famílias também é algo importante para a quebra do preconceito e início do tratamento precoce da pessoa dentro do TEA, e assim ouvimos falar mais e mais sobre o assunto e temos a impressão de que temos mais autistas do que antes... Isso é um mito e uma pergunta frequente...

02 - Qual país tem o maior índice de autistas diagnosticados?

- Um estudo publicado na Jama Pediatrics, realizado com 12.554 pessoas, com dados do CDC de 2023, revelou um número de prevalência de autismo nos Estados Unidos de 1 autista a cada 36 crianças e adolescentes entre três e 17 anos no país.

Prevalência de Autismo nos EUA até 2023 (via CDC)

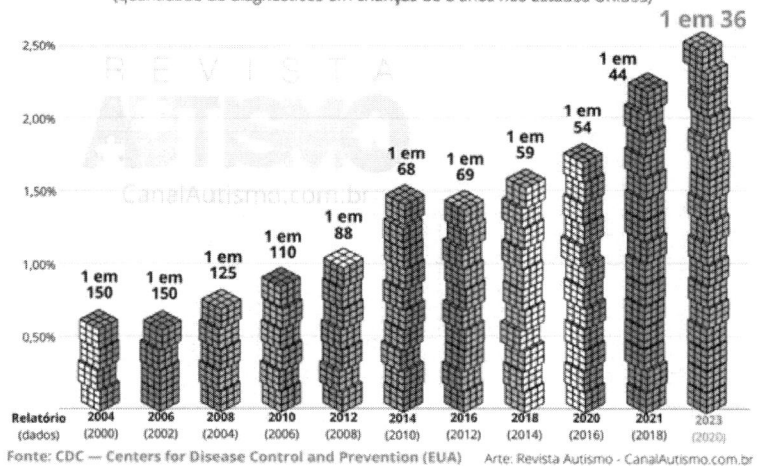

(quantidade de diagnósticos em crianças de 8 anos nos Estados Unidos)

Relatório	2004	2006	2008	2010	2012	2014	2016	2018	2020	2021	2023
(dados)	(2000)	(2002)	(2004)	(2006)	(2008)	(2010)	(2012)	(2014)	(2016)	(2018)	(2020)
	1 em 150	1 em 150	1 em 125	1 em 110	1 em 88	1 em 68	1 em 69	1 em 59	1 em 54	1 em 44	1 em 36

Fonte: CDC — Centers for Disease Control and Prevention (EUA) Arte: Revista Autismo - CanalAutismo.com.br

03 - Quantos autistas existem no Brasil, pelo último Censo do IBGE?

- A estimativa é de 4 milhões de pessoas dentro do espectro autista, podendo ser maior o número já que a pesquisa do IBGE não é a mesma para todas as pessoas que participam da pesquisa. O colaborador que realiza a pesquisa através do CPF do entrevistado não sabe qual o questionário que fará. Existem dois tipos de formulários, um com perguntas sobre autismo e outro não, por isso podemos acreditar que os números são bem maiores.

04 - Quais as pessoas públicas que estão dentro do espectro do autismo?

- Dan Aykroyd – ator e comediante
- Anthony Hopkins – ator
- Sia – cantora
- Elon Musk – empresário

- Leilah Moreno – atriz
- Leticia Sabatela – atriz
- Léo Rosa – ator
- Andy Warhol – artista visual, diretor e produtor de cinema
- Temple Grandin – zootecnista e psicóloga
- Albert Einstein – cientista
- Wolfgang Amadeus Mozart – músico
- Greta Thunberg – ativista e ambientalista

05 - É possível uma pessoa com autismo ter uma vida considerada normal dentro dos padrões da sociedade?

- Sim, o nível de suporte da pessoa dentro do espectro autismo é primordial, juntamente com as intervenções precoces ao longo do tratamento para a maior independência social, pessoal, corporativa através da segurança pessoal.

06 – Qual a causa do autismo?

- A causa exata do autismo ainda não é totalmente compreendida. No entanto, pesquisas sugerem que uma combinação de fatores genéticos e ambientais pode desempenhar um papel importante no desenvolvimento do autismo.

- Alguns estudos identificaram certas variantes genéticas que parecem estar associadas a um maior risco de autismo. No entanto, ainda não existe um único gene ou conjunto de genes que seja responsável por todas as formas de autismo. Muitos pesquisadores acreditam que o autismo é causado por uma interação complexa entre múltiplos genes.

- Fatores genéticos, alguns estudos também investigaram possíveis influências ambientais, como complicações durante a gravidez ou o parto, exposição a toxinas ambientais e outras condições médicas. No entanto, a contribuição exata desses fatores ambientais ainda não está totalmente esclarecida.

- É importante notar que o autismo é um espectro, o que significa que as pessoas com autismo podem apresentar uma ampla variedade de características e níveis de funcionamento. A pesquisa continua a explorar as causas subjacentes do autismo para melhor compreender como ele se desenvolve e como pode ser mais bem compreendido e tratado.

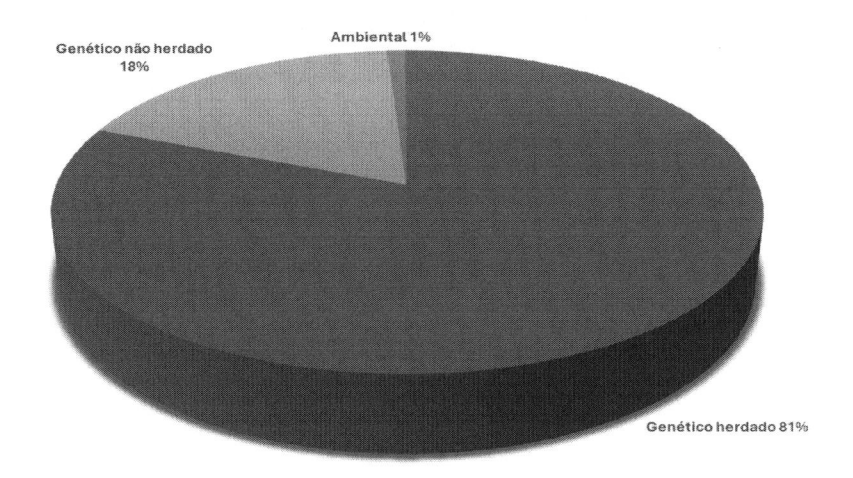

Genético não herdado 18%
Ambiental 1%
Genético herdado 81%

07 - Quais as características do autismo?

- Pessoas com autismo podem ter dificuldades em compreender e usar a linguagem verbal e não verbal. Isso pode incluir atrasos na fala, dificuldade em iniciar ou manter uma conversa, uso repetitivo da linguagem e dificuldade em entender o tom de voz ou expressões faciais dos outros (dificuldade na comunicação).

- Muitas pessoas com autismo exibem comportamentos repetitivos, como balançar as mãos, alinhar objetos, girar, bater palmas ou repetir palavras ou frases. Eles também podem ser muito apegados a rotinas e ter dificuldade em lidar com mudanças inesperadas (padrões de comportamento repetitivos).

- Pessoas com autismo podem ter interesses intensos em áreas específicas e se envolver em comportamentos repetitivos relacionados a esses interesses. Eles também podem ser muito sensíveis a certos estímulos sensoriais, como luzes, sons, texturas ou cheiros (Interesses ou atividades restritas e repetitivas).

- Algumas pessoas com autismo podem ser hiper ou hipossensíveis a estímulos sensoriais, o que pode afetar sua percepção e resposta ao ambiente ao seu redor (Hipersensibilidade ou hipossensibilidade sensorial).

- Pessoas com autismo podem ter dificuldade em entender as emoções e intenções dos outros, o que deve dificultar a interação social. Eles normalmente apresentam dificuldade em fazer amigos, interpretar pistas sociais ou participar de jogos imaginativos (Dificuldades na interação social).

08 - Por que as pessoas dentro do espectro de autismo não aceitam que seja mencionado o termo "sintomas" para as características?

- A palavra "sintomas" refere-se a uma doença e TEA não é doença, por isso, essas pessoas não concordam com a palavra.

09 - Por que os autistas não gostam que mencionem Síndrome de Asperger?

- A recusa em usar o termo "Síndrome de Asperger" reflete uma mudança na compreensão e na linguagem em torno do autismo, além de uma conscientização crescente sobre a importância da autodeterminação e da inclusão dentro da comunidade autista.

- Hans Asperger, o pediatra austríaco que descreveu o que mais tarde veio a ser conhecido como Síndrome de Asperger, foi associado ao regime nazista na Áustria durante a Segunda Guerra Mundial. Algumas pesquisas sugerem que ele pode ter colaborado com o regime nazista em relação às políticas de eutanásia. Isso levou a uma reavaliação ética de seu trabalho e ao questionamento do uso de seu nome para descrever uma condição.

- No DSM-5 (Manual Diagnóstico e Estatístico de Transtornos Mentais), a Síndrome de Asperger foi absorvida dentro do espectro do autismo como Transtorno do Espectro do Autismo de Alto Funcionamento. Isso reflete a visão de que o autismo é um espectro único, com variações na gravidade e nas características, em vez de categorias separadas.

- Algumas pessoas no espectro autista sentem que a identificação como "Asperger" pode trazer estigma adicional ou não capturar adequadamente a amplitude das experiências dentro do espectro autista. Elas preferem o termo "autista" como uma identidade mais inclusiva e precisa.

10 - Quais os níveis de suporte de um autista?

Os níveis de suporte para pessoas com autismo podem variar amplamente, dependendo das necessidades individuais, da gravidade das características e dos recursos disponíveis.

Existem três tipos de níveis de suporte e vamos falar um pouco de cada um deles.

O suporte pode ser adaptado para atender às necessidades específicas de cada pessoa e tem a probabilidade de incluir:

- Nível de Suporte 1 - Pessoas com autismo que funcionam de forma independente em muitas áreas da vida podem precisar de suporte mínimo. Isso pode envolver intervenções pontuais, como terapia ocupacional, para ajudar a lidar com questões sensoriais ou estratégias de comunicação social, apoio emocional familiar e de amigos.

- Nível de Suporte 2 - Alguns indivíduos com autismo podem precisar de suporte mais substancial em áreas específicas, como habilidades sociais, comunicação ou vida diária. Isso pode incluir terapia comportamental, treinamento dessas habilidades, apoio educacional familiar e dos amigos próximos ou assistência para desenvolver habilidades de vida independentes.

- Nível de Suporte 3 - Pessoas com autismo que têm necessidades significativas em várias áreas da vida podem exigir suporte substancial ou intensivo. Isso pode incluir uma variedade de serviços e intervenções, como terapia comportamental intensiva, programas educacionais especializados, assistência em tempo integral, cuidados médicos especializados e apoio familiar intenso e contínuo.

- É importante entender que as necessidades de suporte podem mudar ao longo do tempo e podem variar em diferentes contextos e estágios da vida da pessoa com autismo.

11 - Como é realizado o diagnóstico de autismo?

- O diagnóstico tem que ser realizado por profissionais qualificados e experientes em transtornos do desenvolvimento, que tenham conhecimento dos critérios diagnósticos atuais e das melhores práticas de avaliação e intervenção para o autismo.

- O processo de diagnóstico envolve uma avaliação abrangente e pode incluir várias etapas, como:

- Conversa com os pais ou responsáveis legais: os profissionais de saúde geralmente começam o processo de diagnóstico entrevistando os pais ou responsáveis pela criança para obter informações detalhadas sobre o desenvolvimento, comportamento e histórico médico da criança.

- Observar a criança diretamente: os profissionais de saúde observam diretamente o comportamento da criança em diferentes ambientes, como em casa, na escola ou em um consultório médico. Eles procuram por sinais de autismo, como dificuldades na comunicação, interação social e padrões de comportamento repetitivos.

- Avaliação do desenvolvimento e escalas de avaliação: os profissionais irão avaliar o desenvolvimento da criança em várias áreas, incluindo linguagem, habilidades motoras, sociais e emocionais, e outras áreas relevantes ao desenvolvimento típico e atípico da criança, questionários

- padronizados e escalas de avaliação para ajudar a avaliar o comportamento e as habilidades da criança em relação aos critérios diagnósticos para o autismo.

- Avaliação médica: em alguns casos, pode ser recomendada uma avaliação médica para descartar outras condições médicas que possam estar contribuindo para as características da criança. Além disso, a avaliação genética pode ser realizada para identificar possíveis fatores genéticos associados ao autismo.

- Colaboração da escola e empresa: os profissionais podem colaborar com professores e outros profissionais da escola para obter informações sobre o comportamento e o desempenho acadêmico da criança na escola.

12 - A partir de qual idade o diagnóstico de autismo é possível?

- O diagnóstico de autismo pode ser feito em qualquer idade, desde a infância até a idade adulta. No entanto, é mais comum que o autismo seja diagnosticado durante a infância, geralmente entre os dois e três anos de idade, quando os sinais e sintomas tornam-se mais evidentes. Em alguns casos, o autismo pode ser diagnosticado até mesmo mais cedo, especialmente se houver preocupações sobre o desenvolvimento da criança.

- Os pais, cuidadores e profissionais de saúde podem observar sinais precoces de autismo, como atrasos na linguagem, dificuldades de comunicação, problemas na interação social, comportamentos repetitivos e interesses restritos. Se houver preocupações sobre o desenvolvimento da criança, é importante procurar avaliação e orientação de um profissional de saúde qualificado o mais cedo possível.

- Embora o diagnóstico de autismo na infância seja comum, muitas vezes pode levar tempo para ser completamente confirmado, já que os sinais e as características do autismo podem se manifestar de maneira diferente em cada pessoa. Além disso, o diagnóstico em adultos também é possível especialmente se as características não foram reconhecidas ou avaliadas anteriormente.

- Independentemente da idade em que foi feito o diagnóstico, é fundamental que seja realizado por profissionais de saúde especializados em transtornos do desenvolvimento, que tenham experiência em avaliar e diagnosticar o autismo. Um diagnóstico preciso e precoce pode levar a intervenções e apoios adequados que podem ajudar a melhorar o desenvolvimento e a qualidade de vida da pessoa com autismo.

Marcos de Desenvolvimento

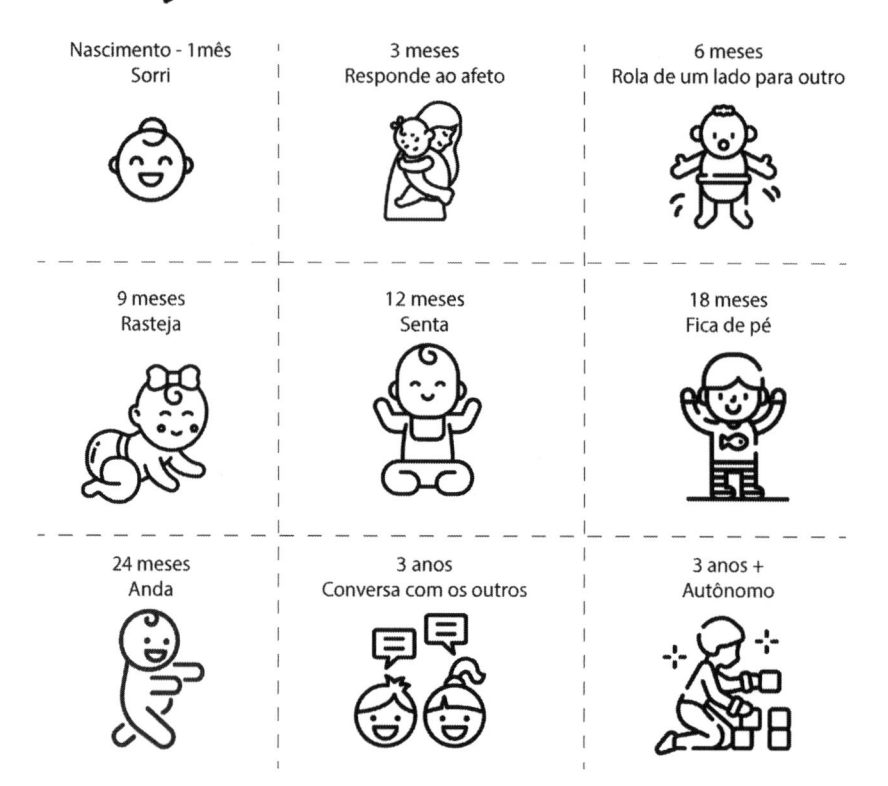

Nascimento - 1 mês Sorri	3 meses Responde ao afeto	6 meses Rola de um lado para outro
9 meses Rasteja	12 meses Senta	18 meses Fica de pé
24 meses Anda	3 anos Conversa com os outros	3 anos + Autônomo

13 - Quais os profissionais qualificados para diagnosticar e acompanhar o tratamento do autista?

A colaboração entre diferentes especialistas é essencial para oferecer uma abordagem integrada e abrangente para o melhor desenvolvimento da pessoa dentro do espectro em todas as áreas de sua vida.

A seguir, uma relação de profissionais que auxiliam no diagnóstico e tratamento dentro das suas especialidades e capacidades:

- Psiquiatra e/ou Neuropsiquiatra: Esses profissionais são especializados no diagnóstico e tratamento de transtornos mentais, incluindo o autismo. Podem realizar avaliações diagnósticas e prescrever medicamentos para tratar os sintomas associados, como ansiedade, depressão ou problemas de comportamento.

- Psicólogo Clínico: Realiza avaliações psicológicas abrangentes para ajudar no diagnóstico do autismo e desenvolver planos de tratamento individualizados. Eles também fornecem terapia comportamental, terapia cognitivo-comportamental (TCC) e outras formas de intervenção psicológica para ajudar a pessoa com autismo a lidar com desafios emocionais e comportamentais do dia a dia.

- Neuropsicólogos: Especializados na avaliação das funções cognitivas e neurológicas. Eles podem avaliar habilidades cognitivas, como memória, atenção, linguagem e funções executivas, que podem ser afetadas no autismo. Essas avaliações ajudam a compreender melhor o perfil cognitivo da pessoa com autismo e a planejar intervenções apropriadas.

- Pediatra e/ou neuropediatra: Profissionais que podem estar envolvidos no diagnóstico inicial do autismo, especialmente em crianças. Eles também podem coordenar o cuidado médico geral e monitorar o desenvolvimento físico e emocional da criança ao longo do tempo.

- Fonoaudiólogos: Especializados em comunicação e linguagem. Eles podem avaliar e tratar dificuldades de comunicação, como atrasos na fala, pragmática da linguagem e habilidades sociais, comuns em pessoas com autismo.

- Terapeutas ocupacionais: Podem ajudar pessoas com autismo a desenvolver habilidades motoras finas, habilidades de autoajuda e habilidades de regulação sensorial para lidar com sensibilidades sensoriais e desafios de processamento sensorial.

- Profissionais de educação especial: Podem desenvolver e implementar planos de educação individualizados (IEPs) para crianças com autismo, além de fornecer suporte e recursos educacionais para promover o sucesso acadêmico e social.

- Assistentes sociais: Podem ajudar a conectar famílias com recursos e serviços comunitários, fornecer apoio emocional e oferecer orientação sobre questões legais e financeiras relacionadas ao autismo.

14 - Quando desconfio que um familiar é autista, como devo proceder para ajudá-lo no seu diagnóstico e tratamento?

Se você suspeita que um familiar pode ser autista e deseja ajudá-lo no processo de diagnóstico e tratamento, aqui estão algumas etapas para ajudar você neste processo:

- Diagnóstico: Comece observando cuidadosamente o comportamento e os padrões de seu familiar. Anote quaisquer sinais ou comportamentos que você acha que podem estar relacionados ao autismo, como dificuldades na comunicação, padrões de comportamento repetitivos, dificuldades na interação social ou sensibilidades sensoriais.

- Procure informações confiáveis sobre o autismo para entender melhor as características, os critérios diagnósticos e as opções de tratamento disponíveis. Existem muitos recursos on-line, livros e organizações que fornecem informações úteis sobre o autismo.

- Marque uma consulta com um profissional de saúde qualificado e experiente em transtornos do desenvolvimento, como um psicólogo, psiquiatra, neuropediatra ou outro especialista em saúde mental. Explique suas preocupações e forneça exemplos específicos de comportamentos que você observou em seu familiar.

- O profissional de saúde deverá conduzir uma avaliação abrangente, que pode incluir entrevistas, observações, testes padronizados e avaliações médicas para determinar se seu familiar atende aos critérios diagnósticos para o autismo. É importante que a avaliação seja feita por uma equipe multidisciplinar para garantir uma compreensão completa das necessidades e habilidades de seu familiar.

- Tratamento - Se o diagnóstico de autismo for confirmado, trabalhe com os profissionais de saúde para desenvolver um plano de tratamento individualizado que atenda às necessidades específicas de seu familiar. Isso pode incluir terapia comportamental, terapia ocupacional, terapia da fala, educação especial, apoio familiar e outras intervenções baseadas em evidências.

- Procure grupos de apoio locais para famílias de pessoas com autismo, nos quais você pode encontrar suporte emocional, informações úteis e recursos práticos. Esses grupos podem ajudá-lo a se conectar com outras famílias e profissionais que têm experiência em lidar com o autismo.

- Apoio: Esteja aberto, empático e disposto a oferecer apoio incondicional durante todo o processo de diagnóstico e tratamento. Seu apoio é fundamental!!!

15 – O autismo tem cura?

O autismo não tem cura, por não ser uma doença. Embora o autismo não tenha uma "cura", muitas pessoas com autismo podem se beneficiar significativamente de intervenções e suportes personalizados que ajudam a maximizar seu potencial de desenvolvimento e qualidade de vida. É importante reconhecer e valorizar as habilidades e pontos fortes das pessoas com autismo, enquanto se trabalha para apoiar suas necessidades e desafios individuais.

16 - Existe algum exame de imagem ou sangue para confirmar o diagnóstico de TEA?

Atualmente, não existe nenhum exame de imagem ou de sangue que possa diagnosticar o Transtorno do Espectro Autista (TEA) de forma definitiva. O diagnóstico do TEA é baseado em observações comportamentais e em avaliações clínicas conduzidas por profissionais de saúde qualificados.

No entanto, a pesquisa está em andamento para identificar biomarcadores biológicos que possam estar associados ao autismo. Alguns estudos sugeriram diferenças em padrões de atividade cerebral, conectividade neural e características genéticas em pessoas com autismo. Embora essas descobertas sejam promissoras, atualmente não existe um biomarcador biológico específico que possa ser utilizado como um teste diagnóstico padrão para o autismo.

Exames de imagem cerebral, como ressonância magnética funcional (FMRI) e eletroencefalograma (EEG), podem ajudar na pesquisa e compreensão do funcionamento cerebral em pessoas com autismo, mas esses exames não são usados rotineiramente para diagnosticar o TEA na prática clínica.

O diagnóstico do TEA é feito com base em uma avaliação abrangente das características comportamentais, comunicação, interação social, interesses e padrões de comportamento repetitivo da pessoa. Esta avaliação é geralmente realizada por uma equipe multidisciplinar de profissionais de saúde, que pode incluir psicólogos, psiquiatras, neuropediatras, terapeutas ocupacionais, fonoaudiólogos e educadores especializados em transtornos do desenvolvimento.

17 - Existe tratamento para o autismo?

Sim, existem várias abordagens de tratamento e intervenção que podem ser benéficas para pessoas com autismo.

É importante reconhecer que cada pessoa com autismo é única e pode responder de maneira diversa às diferentes intervenções. Portanto, é fundamental que o tratamento seja individualizado e adaptado às necessidades específicas e aos interesses da pessoa com autismo.

Algumas das abordagens de tratamento mais comuns incluem:

- Terapia Comportamental: A Análise do Comportamento Aplicada (ABA) é uma abordagem terapêutica baseada em evidências que se concentra em ensinar habilidades sociais, comunicação, autocuidado e reduzir comportamentos problemáticos por meio de reforço positivo e estratégias de modificação de comportamento.

- Terapia de fala e Linguagem: A terapia da fala e linguagem pode ajudar a melhorar as habilidades de comunicação, compreensão e expressão verbal, bem como a capacidade de usar gestos e linguagem não verbal.

- Terapia Ocupacional: Terapeutas ocupacionais podem ajudar a desenvolver habilidades motoras finas, habilidades de autoajuda e habilidades de regulação sensorial para lidar com sensibilidades sensoriais e desafios de processamento sensorial.

- Intervenção Educacional Especializada: Programas educacionais especializados e planos de educação individualizados (IEPs) podem fornecer apoio acadêmico e social personalizado para alunos com autismo.

- Intervenções Baseadas em Evidências: Além das terapias mencionadas, há uma variedade de outras intervenções baseadas em evidências que podem ser úteis, como terapia de integração sensorial, treinamento de habilidades sociais, intervenções cognitivas e comportamentais, e muito mais.

18 - Existe medicamento para o autismo?

Em alguns casos, medicamentos podem ser prescritos para tratar sintomas específicos associados ao autismo, como ansiedade, hiperatividade, agressão ou dificuldades de sono. No entanto, é importante ressaltar que os medicamentos não "curam" o autismo, mas ajudam a gerenciar sintomas.

19 - Por que o diagnóstico precoce de autismo é importante?

O cérebro em desenvolvimento é mais maleável e receptivo à intervenção durante os primeiros anos de vida, o que pode resultar em melhores resultados a longo prazo.

O diagnóstico precoce e as intervenções apropriadas possibilitam a reduzir comportamentos problemáticos associados ao autismo, como agressão, autolesão ou comportamentos repetitivos, proporcionando à criança estratégias eficazes para lidar com suas necessidades e frustrações. Benefícios como suporte à família, acesso a serviços e recursos que maximizam o potencial de desenvolvimento e qualidade de vida.

20 - O autismo possui alguma comorbidade?

Sim, o autismo pode estar associado a várias comorbidades, que são condições médicas ou psiquiátricas adicionais que ocorrem junto com o autismo. É importante reconhecer e tratar quaisquer comorbidades que ocorram, pois podem afetar significativamente a qualidade de vida e o bem-estar da pessoa dentro do espectro.

Algumas das comorbidades mais comuns associadas ao autismo incluem:

- Transtornos do Déficit de Atenção e Hiperatividade (TDAH): Muitas crianças e adultos com autismo também têm sintomas de TDAH, como dificuldade de concentração, impulsividade e hiperatividade.

- Transtorno de Ansiedade: Ansiedade, fobias e Transtorno Obsessivo-Compulsivo (TOC) são comuns em pessoas com autismo, muitas vezes devido a desafios na compreensão e na resposta ao ambiente social.

- Transtorno de Humor: Depressão e transtorno bipolar podem ocorrer em indivíduos com autismo, muitas vezes como resultado de dificuldades sociais, isolamento ou desafios de comunicação.

- Transtorno do Sono: Problemas de sono, como insônia, despertares frequentes durante a noite e dificuldades para adormecer são comuns em pessoas com autismo.

- Transtornos Alimentares: Alguns estudos sugerem que pessoas com autismo têm maior risco de desenvolver transtornos alimentares, como seletividade alimentar, ingestão restrita de alimentos e distúrbios alimentares relacionados à ansiedade.

- Transtornos Sensoriais: Inúmeras pessoas com autismo têm sensibilidades sensoriais aumentadas ou diminuídas, o que leva a dificuldades na modulação sensorial e desafios na integração sensorial.

- Epilepsia: O risco de epilepsia é aumentado em indivíduos com autismo. Episódios de convulsões podem ocorrer em pessoas com autismo, embora nem todos os indivíduos com autismo tenham epilepsia.

21 - Por que os familiares de uma pessoa dentro do espectro devem ter apoio psicológico profissional?

O apoio psicológico profissional pode ser uma fonte valiosa de suporte, orientação e compreensão para os familiares de uma pessoa dentro do espectro autista. Isso pode ajudar a fortalecer a resiliência da família, promover relacionamentos saudáveis e melhorar a qualidade de vida de todos os membros da família.

Receber um diagnóstico de autismo pode ser um momento desafiador e emocional para a família. O apoio psicológico ajuda os familiares a entender e aceitar o diagnóstico, bem como a lidar com as emoções associadas a ele, como choque, tristeza, raiva, preconceito ou confusão. Cuidar de uma pessoa com autismo pode exigir adaptações e mudanças significativas na vida familiar. O apoio psicológico é indicado para auxiliar os familiares a entender as necessidades específicas da pessoa com autismo e a desenvolver estratégias eficazes de apoio, comunicação, desenvolver habilidades de enfrentamento e gerenciamento do estresse e da ansiedade.

É importante que os familiares cuidem de seu próprio bem-estar emocional e mental enquanto cuidam de uma pessoa com autismo. Estudos mostram que uma mãe atípica tem o mesmo estresse de um soldado em guerra.

22 - Por que os meninos possuem mais diagnósticos de autismo do que as meninas?

A discrepância de gênero nos diagnósticos de autismo, em que os meninos são diagnosticados com autismo em uma proporção muito maior do que as meninas, é um fenômeno observado em estudos epidemiológicos e clínicos.

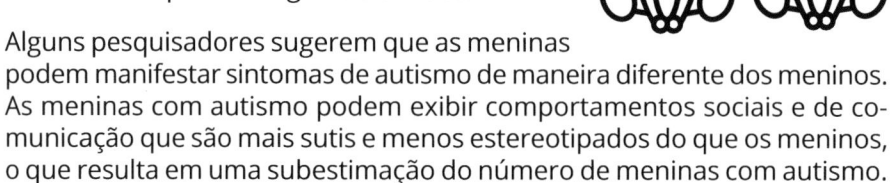

Alguns pesquisadores sugerem que as meninas podem manifestar sintomas de autismo de maneira diferente dos meninos. As meninas com autismo podem exibir comportamentos sociais e de comunicação que são mais sutis e menos estereotipados do que os meninos, o que resulta em uma subestimação do número de meninas com autismo.

Pode haver um viés de diagnóstico e triagem em relação aos meninos, com profissionais de saúde e educadores mais propensos a identificar sinais de autismo em meninos do que em meninas.

Alguns estudos sugerem a possibilidade de haver diferenças nas características neurobiológicas e no desenvolvimento cerebral entre meninos e meninas com autismo, o que também influencia a manifestação e o diagnóstico do autismo.

23 - As pessoas dentro do espetro autista conseguem trabalhar e ter sucesso em suas carreiras?

Sim, pessoas dentro do espectro autista podem trabalhar e ter sucesso em suas carreiras, assim como qualquer outra pessoa. O autismo é uma condição que apresenta uma ampla gama de habilidades, interesses e talentos. As pessoas no espectro possuem habilidades únicas e perspectivas valiosas para serem aplicadas em diferentes ambientes de trabalho.

No entanto, é importante reconhecer que o sucesso no local de trabalho depende de vários fatores, incluindo o nível de apoio e compreensão oferecido pela empresa, a adaptação do ambiente de trabalho para atender às necessidades individuais da pessoa com autismo, e a capacidade da pessoa de se adaptar e aprender as habilidades necessárias para sua função.

Algumas pessoas no espectro autista podem se destacar em áreas que requerem habilidades específicas, como matemática, ciência da computação, artes visuais, música, escrita técnica, programação de computadores e outras onde a atenção aos detalhes e pensamento lógico são valorizados.

É importante que os locais de trabalho adotem práticas inclusivas e ofereçam apoio adequado para garantir que as pessoas com autismo alcencem seu potencial máximo no trabalho. Isso pode incluir a implementação de ajustes razoáveis, como horários de trabalho flexíveis, ambiente de trabalho tranquilo, treinamento em habilidades sociais e comunicação, e apoio de colegas e supervisores.

Além disso, programas de apoio ao emprego e serviços de colocação profissional podem ajudar a conectar pessoas com autismo a oportunidades de emprego que correspondam às suas habilidades, interesses e necessidades individuais.

Embora haja desafios únicos que as pessoas no espectro enfrentam no local de trabalho, muitas delas podem contribuir de forma significativa e bem-sucedida em uma variedade de carreiras e ambientes profissionais, quando recebem o apoio adequado e têm a oportunidade de desenvolver suas habilidades e talentos.

24 - O salário de uma pessoa dentro do espectro deve ser diferenciado de um colaborador típico?

O salário não deve ser diferenciado do salário de um colaborador típico com base apenas no fato de ter autismo. O princípio da igualdade salarial e da igualdade de oportunidades é fundamental em um ambiente de trabalho inclusivo e justo.

É fundamental que as empresas estejam cientes das leis e regulamentações locais relacionadas à igualdade de oportunidades no local de trabalho, e que sigam as melhores práticas para garantir que todas as pessoas sejam tratadas de maneira justa e imparcial em relação ao recrutamento, remuneração e progressão na carreira.

25 - O que é uma pessoa típica e uma pessoa atípica?

O termo "pessoa típica" é frequentemente usado para descrever alguém que se enquadra dentro das expectativas ou padrões comuns em termos de comportamento, desenvolvimento, habilidades e características. Essas expectativas geralmente são baseadas na média ou na maioria das pessoas em uma determinada população. No entanto, é importante reconhecer que o conceito de "típico" pode variar dependendo do contexto cultural, social e individual.

Por outro lado, uma "pessoa atípica" é alguém que se desvia das expectativas ou padrões comuns em relação ao comportamento, desenvolvimento, habilidades ou características. Isso inclui uma ampla gama de características, desde traços de personalidade incomuns até diferenças significativas no funcionamento cognitivo, emocional ou social.

No contexto do autismo, por exemplo, as pessoas dentro do espectro autista são frequentemente consideradas "atípicas" em relação às expectativas sociais e comportamentais convencionais. Isso ocorre porque as pessoas com autismo podem exibir uma variedade de características que se desviam das normas sociais, como dificuldades na comunicação e interação social, interesses restritos e comportamentos repetitivos.

É importante notar que os termos "típico" e "atípico" são descritivos e não devem ser usados de maneira pejorativa ou estigmatizante. Cada pessoa é única e possui uma combinação exclusiva de características, habilidades e experiências. Reconhecer e valorizar a diversidade de indivíduos e respeitar suas diferenças é fundamental para promover uma sociedade inclusiva e equitativa.

26 - Um autista pode casar e ter filhos?

Sim, uma pessoa dentro do espectro autista pode casar e ter filhos, assim como qualquer outra pessoa. O autismo não é uma barreira para o casamento ou para a paternidade/maternidade.

O sucesso em relacionamentos românticos e na paternidade/maternidade depende de vários fatores, incluindo o nível de apoio social, a compreensão e aceitação do parceiro(a), as habilidades de comunicação e resolução de problemas da pessoa com autismo, e a capacidade de adaptar-se às demandas e responsabilidades associadas a esses papéis. As pessoas com autismo desenvolvem relacionamentos saudáveis e significativos e desfrutam de uma vida familiar plena e satisfatória.

O autismo não impede uma pessoa de se casar ou ter filhos, mas pode influenciar a maneira como ela aborda e gerencia seus relacionamentos e responsabilidades familiares. Com apoio, compreensão e respeito mútuos, muitas pessoas dentro do espectro autista podem ter relacionamentos amorosos e gratificantes e construir famílias felizes e saudáveis.

27 – Autistas podem ter filhos autistas?

Sim, é possível que tenham filhos no espectro autista. O autismo tem uma base genética complexa e multifacetada, e existem evidências de que a predisposição genética para o autismo pode ser transmitida de pais para filhos.

Estudos genéticos mostraram que o autismo tem um forte componente genético. Há uma maior probabilidade de que irmãos de uma criança com autismo também possam ser diagnosticados com autismo ou exibir traços autistas. Além disso, estudos de famílias de gêmeos sugerem que fatores genéticos desempenham um papel significativo na suscetibilidade ao autismo.

No entanto, é importante ressaltar que nem todas as crianças de pais com autismo desenvolverão autismo, e nem todas as crianças com autismo têm pais que também estão no espectro. O autismo é uma condição complexa influenciada por uma combinação de fatores genéticos e ambientais, e ainda há muito a ser compreendido sobre sua hereditariedade e causa.

Além dos genéticos, outros fatores, como os ambientais e interações entre genes e ambiente, também podem desempenhar um papel no desenvolvimento do autismo. Por isso, é importante reconhecer que a hereditariedade não é o único determinante do autismo, e que o seu desenvolvimento é influenciado por uma variedade de fatores genéticos e ambientais complexos.

28 - Quais as melhores atividades para um autista?

As melhores atividades variam de acordo com seus interesses individuais, habilidades e preferências:

- Atividades Sensoriais: Muitas pessoas com autismo apreciam atividades sensoriais que estimulam os sentidos, como tocar texturas diferentes, ouvir música, assistir a luzes coloridas ou brincar com materiais sensoriais.

- Artes Visuais: Pintura, desenho, escultura e outras formas de expressão artística podem ser atividades terapêuticas e gratificantes para pessoas com autismo, permitindo-lhes explorar e comunicar suas emoções de maneiras não verbais.

- Música: Muitos autistas têm uma afinidade especial pela música. Tocar um instrumento, cantar, ou simplesmente ouvir música pode ser uma fonte de prazer e expressão criativa.

- Atividades Motoras: Atividades físicas e esportivas, como nadar, andar de bicicleta, correr, dançar ou praticar yoga, podem ajudar a melhorar a coordenação motora, o equilíbrio e a saúde física e emocional.

- Jogos e Quebra-Cabeças: Muitas pessoas com autismo desfrutam de jogos de tabuleiro, quebra-cabeças, jogos de construção, jogos eletrônicos e outras atividades que envolvem desafios cognitivos e resolução de problemas.

- Interesses Específicos: Encorajar e apoiar os interesses específicos pode ser uma maneira eficaz de promover engajamento e autoestima. Se a pessoa tem um interesse particular em dinossauros, trens, matemática, astronomia ou qualquer outro tópico, explorar esse interesse tem a possibilidade de se tornar uma fonte de aprendizado e realização.

- Atividades ao Ar Livre: Passar tempo ao ar livre, explorar a natureza, caminhar em trilhas, observar pássaros, plantar jardins ou participar de atividades de conservação ambiental podem ser experiências sensoriais e educacionais enriquecedoras.

- Terapia com Animais: Interagir com animais de estimação ou participar de terapias assistidas por animais pode proporcionar conforto emocional, reduzir o estresse e promover habilidades sociais e emocionais.

29 - Qual a maneira correta de se comunicar com um autista?

Comunicar-se de maneira eficaz pode exigir certas adaptações e estratégias para melhor atender às necessidades individuais da pessoa.

Aqui estão algumas orientações gerais sobre como se comunicar com um autista:

- Seja claro e direto: Use linguagem simples e direta ao se comunicar. Evite metáforas, linguagem figurativa ou ambígua, pois isso pode ser confuso para algumas pessoas com autismo.

- Dê tempo para processar: Dê à pessoa tempo suficiente para verificar informações e responder. Pessoas com autismo podem precisar de mais tempo para processar e responder a perguntas ou instruções.

- Use comunicação visual: Use apoios visuais, como imagens, diagramas ou cartões de comunicação, para auxiliar na compreensão da mensagem. Isso pode ser especialmente útil para pessoas com dificuldades de linguagem verbal.

- Linguagem corporal: Esteja atento à sua linguagem corporal e expressões faciais, pois muitas pessoas com autismo têm dificuldade em entender e interpretar pistas sociais não verbais.

- Seja paciente e receptivo: Seja paciente e receptivo às necessidades e ritmo de comunicação da pessoa com autismo. Respeite seu espaço pessoal e evite pressioná-la a interagir ou responder rapidamente.

- Seja claro com as informações: Evite sobrecarregar a pessoa com muitas informações de uma só vez. Divida as informações em etapas simples e claras, e forneça feedback e reforço positivo conforme necessário.

- Diferentes formas de comunicação: Esteja aberto ao uso de diferentes

- formas de comunicação, como comunicação assistida por tecnologia, gestos, linguagem de sinais ou comunicação não verbal, dependendo das preferências e habilidades da pessoa com autismo.

- Sensibilidade: Esteja ciente das sensibilidades sensoriais da pessoa com autismo e adapte o ambiente, se possível, para minimizar estímulos sensoriais excessivos que possam ser avassaladores ou perturbadores.

- Autenticidade: Demonstre interesse genuíno pelo ponto de vista e interesses da pessoa com autismo. Mostre empatia e compreensão, e esteja disposto a aprender com ela.

- Respeito: Reconheça e respeite a individualidade da pessoa com autismo. Cada pessoa é única, com suas próprias preferências, habilidades e desafios de comunicação.

30 – Cite algumas características do autismo.

Algumas das características mais marcantes do autismo incluem:

- Dificuldades na comunicação: Podem apresentar dificuldades na comunicação verbal e não verbal. Isso pode incluir atrasos no desenvolvimento da linguagem, dificuldade em iniciar ou manter conversas, uso repetitivo da linguagem, e dificuldade em compreender ou usar linguagem corporal e expressões faciais.

- Dificuldades na interação social: Podem ter dificuldade em entender e participar de interações sociais. Eles podem ter dificuldade em interpretar pistas sociais, expressar empatia ou compreender as emoções dos outros. Isso pode levar a dificuldades em estabelecer e manter amizades ou relacionamentos interpessoais.

- Padrões de comportamentos repetitivos e restritos: Inúmeras vezes exibem padrões de comportamento repetitivos e restritos. Isso pode incluir movimentos motores repetitivos (como balançar as mãos ou girar), fixação em rotinas ou rituais específicos, interesses restritos e intensos em temas específicos, e sensibilidade sensorial aumentada ou diminuída.

- Sensibilidades sensoriais: Alguns autistas têm sensibilidades sensoriais incomuns. Elas podem ser hiper ou hipossensíveis a estímulos sensoriais, como luzes brilhantes, sons altos, texturas específicas, ou odores fortes. Essas sensibilidades podem causar desconforto ou sobrecarga sensorial.

- Dificuldades de transição e flexibilidade: Podem ter dificuldade em lidar com mudanças na rotina ou no ambiente. Elas podem ser sensíveis a mudanças imprevistas e ter dificuldade em se adaptar a novas situações ou ambientes.

31 - O que significa quando um autista abraça alguém?

Algumas pessoas com autismo têm preferências sensoriais específicas em relação ao toque físico, e é importante respeitar seus limites e preferências individuais. Assim como qualquer pessoa, as pessoas dentro do espectro autista podem abraçar por uma variedade de razões, incluindo:

- Expressão de afeto: O abraço pode ser uma expressão de afeto, amor, carinho e conexão emocional com a outra pessoa. É uma forma de demonstrar sentimentos positivos e de estabelecer vínculos emocionais.

- Conforto: Pode ser uma maneira de buscar conforto emocional, tranquilidade e segurança em situações de estresse, ansiedade, tristeza ou desconforto.

- Comunicação não verbal: Pode ser uma forma de comunicação não verbal e uma maneira de se conectar e se comunicar com os outros de uma forma que vai além das palavras.

- Regulação sensorial: O abraço pode ajudar a regular e processar estímulos sensoriais intensos, como sensibilidades sensoriais aumentadas ou sobrecarga sensorial. Pode proporcionar uma sensação de segurança e estabilidade em meio a um ambiente sensorialmente avassalador.

- Aprendizado social: Algumas pessoas com autismo podem aprender a abraçar por meio da observação e imitação de comportamentos sociais e afetivos. Eles podem abraçar como uma forma de se integrar e se adaptar às expectativas sociais de interação.

32 - Quais os mitos referentes ao autismo?

Desafiar esses mitos e promover uma compreensão respeitosa do autismo é crucial para combater o estigma e promover a inclusão.

Há vários mitos e equívocos comuns sobre o autismo que persistem na sociedade. Aqui estão alguns dos mitos mais frequentes:

- Habilidades extraordinárias: Embora algumas pessoas com autismo possam ter habilidades especiais em áreas específicas, como matemática, música ou arte, nem todas as pessoas dentro do espectro possuem essas habilidades excepcionais.

- A vacina causa autismo: Este é um dos mitos mais prejudiciais e amplamente desmentidos. Estudos extensos e revisões científicas não encontraram nenhuma ligação entre vacinas e autismo. O autismo é uma condição complexa com bases genéticas e neurológicas.

- Autista não tem empatia: Na realidade, muitas pessoas com autismo têm empatia e se preocupam profundamente com os outros. No entanto, elas podem expressar empatia de maneiras diferentes ou ter dificuldades em reconhecer e interpretar as emoções dos outros devido a desafios na comunicação e na compreensão social.

- Autistas não querem se relacionar com outras pessoas: Embora algumas pessoas com autismo possam ter dificuldade em fazer amigos ou em entender as nuances das interações sociais, muitas desejam conexões sociais significativas e relacionamentos gratificantes. Elas podem precisar de apoio adicional para desenvolver habilidades sociais e estabelecer amizades duradouras.

- Autismo tem cura: O autismo não é uma doença e sim um transtorno, por isso não pode ser curada com tratamento médico. É uma condição neurodiversa que faz parte da identidade de uma pessoa. No entanto, intervenções e apoios ajudam a pessoa com autismo a desenvolver habilidades, reduzir desafios e melhorar sua qualidade de vida.

- Incapacidade de sucesso profissional: Muitas pessoas dentro do espectro têm carreiras bem-sucedidas em uma variedade de campos. Com apoio adequado e ambiente de trabalho inclusivo, elas podem contribuir de maneira significativa para suas comunidades e sociedades, com realização pessoal.

- Mãe Geladeira: Esse mito sugere que mães de crianças autistas são emocionalmente distantes, frias e desapegadas, contribuindo assim para o desenvolvimento do autismo em seus filhos. Essa teoria, infelizmente, foi proposta décadas atrás por profissionais e pesquisadores desinformados, baseados em uma compreensão equivocada do autismo e de suas causas. Ainda bem que hoje em dia esta ideia foi amplamente desacreditada e não tem base científica.

33 - Todo autista tem problema de alimentação?

Não, nem todo autista tem problemas de alimentação. Enquanto algumas pessoas dentro do espectro autista possuem dificuldades relacionadas à alimentação, como seletividade alimentar, sensibilidades sensoriais relativas a certos alimentos, dificuldades em experimentar novos alimentos ou problemas de textura, outras pessoas com autismo não apresentam esses desafios.

As dificuldades alimentares podem ser influenciadas por uma variedade de fatores, incluindo sensibilidades sensoriais, preferências individuais, experiências passadas, ansiedade ou estresse, entre outros. Além disso, muitas pessoas com autismo podem se beneficiar de estratégias e apoios que ajudam a lidar com suas dificuldades alimentares, como terapia ocupacional, intervenção comportamental ou suporte nutricional.

34 - Quais são as dificuldades de sonorização e iluminação que um autista enfrenta?

Pessoas dentro do espectro autista podem ter sensibilidades sensoriais diferentes das pessoas neurotípicas, o que significa que podem reagir de maneira incomum ou intensa a estímulos como sons e luzes. Essas sensibilidades podem variar de pessoa para pessoa, mas aqui estão alguns problemas comuns de sonorização e iluminação que o autismo pode enfrentar:

- Algumas pessoas com autismo têm hipersensibilidade auditiva, o que significa que são muito sensíveis a sons do ambiente. Isso pode incluir barulhos altos, como buzinas, alarmes, latidos de cachorro, música alta ou conversas, que podem ser percebidos como dolorosos ou avassaladores (Hipersensibilidade auditiva).

- Pessoas com autismo podem ter dificuldade em filtrar sons e focar em uma conversa específica em ambientes barulhentos. Isso pode causar distração e dificuldade em acompanhar ou participar de interações sociais em ambientes ruidosos (Dificuldade em filtrar sons).

- Algumas pessoas com autismo podem ser sensíveis à luz, especialmente à luz fluorescente brilhante ou a luzes piscantes. Isso pode causar desconforto ocular, dores de cabeça ou dificuldade em se concentrar em ambientes muito iluminados (Sensibilidade à luz).

- Luzes piscantes ou padrões de luzes intermitentes, como os encontrados em algumas lojas, parques de diversão ou festas, podem ser perturbadores para algumas pessoas com autismo e desencadear sensações de desconforto ou ansiedade (Sensibilidade a padrões de luzes).

- Mudanças repentinas na iluminação, como passar de um ambiente claro para um ambiente escuro ou vice-versa, podem ser desorientadoras e perturbadoras para algumas pessoas com autismo (Mudanças súbitas de iluminação).

- Algumas pessoas com autismo preferem ambientes com iluminação suave, difusa ou atenuada, pois isso ajuda a reduzir a sobrecarga sensorial e promover o conforto e a calma (Sobrecarga sensorial).

É importantíssimo reconhecer e respeitar as sensibilidades sensoriais das pessoas com autismo, oferecendo ambientes acessíveis e adaptados que levem em consideração suas necessidades individuais.

35 - Como ajudar um autista durante uma crise?

Ajudar durante uma crise exige que a pessoa típica tenha calma, empatia e compreensão.

É importante manter a calma e permanecer tranquilo durante a crise. Isso pode ajudar a reduzir a ansiedade da pessoa com autismo e criar um ambiente seguro e estável.

Esteja presente e ofereça apoio emocional e físico, se apropriado. Mostre empatia e compreensão, e deixe claro que você está lá para ajudar e apoiar.

Respeite os limites da pessoa com autismo e evite tentar forçá-la a se acalmar ou se comunicar de maneira específica. Cada pessoa é única, e suas necessidades durante uma crise são variáveis.

Reduza estímulos sensoriais que possam contribuir para aumentar a crise, como luzes brilhantes, ruídos altos ou multidões. Crie um ambiente tranquilo e acolhedor, se possível.

Ofereça opções de autorregulação como um objeto sensorial, música suave, uma área tranquila para se retirar ou técnicas de respiração profunda.

Comunique-se de maneira calma e clara, usando linguagem simples e direta. Evite usar linguagem figurativa ou ambígua, e ofereça instruções claras e simples, se a pessoa estiver aberta à comunicação.

Dê à pessoa com autismo tempo e espaço para se acalmar e se recuperar da crise. Evite pressioná-la a se apressar ou a retomar as atividades antes que ela esteja pronta.

Se a crise persistir ou se tornar perigosa para a pessoa com autismo ou para os outros, considere buscar ajuda profissional de um terapeuta, psicólogo, ou médico especializado em autismo.

Vale ressaltar que cada pessoa com autismo é única, e as estratégias de apoio durante uma crise variam de acordo com as necessidades e preferências individuais.

36 - Como uma pessoa com autismo vê o mundo?

A maneira como o autista percebe o mundo pode variar significativamente de uma pessoa para outra, pois o autismo é uma condição complexa que afeta cada indivíduo de maneira única.

Muitas pessoas têm sensibilidades sensoriais incomuns. Isso significa que elas podem ser hiper ou hipossensíveis a estímulos sensoriais, como sons, luzes, texturas, cheiros e sabores. Por exemplo, alguns indivíduos podem ser muito sensíveis a ruídos altos, enquanto outros podem não reagir tanto a estímulos sensoriais.

Algumas pessoas têm uma percepção detalhada e intensa do mundo ao seu redor. Elas podem notar detalhes que outras pessoas ignoram e podem ter um foco intenso em áreas específicas de interesse. Muitas pessoas com autismo têm dificuldades na compreensão das nuances da comunicação social, como linguagem corporal, expressões faciais e pistas sociais não verbais. Isso pode levar a desafios na interação social e na compreensão das emoções e intenções dos outros.

O processamento cognitivo de uma pessoa com autismo pode ser diferente do de uma pessoa neurotípica. Isso muitas vezes afeta a maneira como elas pensam, processam informações, resolvem problemas e tomam decisões.

37 - Qual a tríade do autismo?

Embora a tríade do autismo tenha sido uma maneira útil de descrever os principais desafios enfrentados por muitas pessoas com autismo, hoje em dia, o termo está menos em uso. Isso ocorre porque o autismo é uma condição complexa e heterogênea, e muitas pessoas dentro do espectro autista podem não se encaixar perfeitamente nessa tríade ou apresentar uma variedade de características adicionais.

Além disso, o autismo é agora reconhecido como um espectro, o que significa que os desafios e habilidades das pessoas com autismo podem variar significativamente em intensidade e manifestação. Assim, a tríade do autismo não captura completamente a diversidade e a complexidade do autismo como um todo.

Essas três áreas eram:

- Dificuldades na comunicação: Isso inclui dificuldades na linguagem verbal e não verbal, como atrasos no desenvolvimento da linguagem, dificuldade em iniciar ou manter conversas, uso repetitivo da linguagem e dificuldade em compreender ou usar linguagem corporal e expressões faciais.

- Dificuldades na Interação Social: Refere-se a dificuldades em entender e participar de interações sociais. Isso pode incluir dificuldade em interpretar pistas sociais, expressar empatia, compreender as emoções dos outros, fazer amigos e estabelecer relacionamentos interpessoais.

- Comportamentos Repetitivos e Restritos: Isso abrange padrões de comportamento repetitivos e restritos, como movimentos motores repetitivos (por exemplo, balançar as mãos), fixação em rotinas ou rituais específicos, interesses restritos e intensos em temas específicos e sensibilidades sensoriais aumentadas ou diminuídas.

38 - O autista consegue amar e demonstrar amor? Como?

Sim, pessoas dentro do espectro autista são plenamente capazes de amar e demonstrar amor, assim como qualquer outra pessoa. Embora suas expressões de afeto possam ser diferentes das esperadas ou convencionais, isso não significa que elas não sintam ou expressem amor de maneira significativa.

A maneira como uma pessoa com autismo expressa amor varia de acordo com suas preferências individuais, habilidades sociais, sensibilidades sensoriais e características pessoais.

Embora possa ser desafiador para algumas pessoas expressarem seus sentimentos verbalmente, elas podem dizer "eu te amo" ou usarem palavras gentis e afetuosas ou também podendo demonstrar amor por meio de atos de gentileza, como ajudar os outros, fazer favores ou oferecer apoio emocional quando necessário.

Para algumas pessoas com autismo, o toque físico pode ser uma maneira poderosa de expressar amor e afeto. Isso pode incluir abraços, apertos de mão, carícias ou outras formas de contato físico, como também expressar amor compartilhando interesses e atividades com as pessoas que amam. Isso pode envolver participar de hobbies juntos, assistir a filmes ou programas de TV favoritos, ou simplesmente passar tempo de qualidade juntos.

É fundamental reconhecer e valorizar as diversas maneiras pelas quais as pessoas com autismo expressam amor e afeto.

39 - Como um autista enxerga as cores?

A maneira como uma pessoa com autismo enxerga as cores não é fundamentalmente diferente da maneira como uma pessoa sem autismo as enxerga. A percepção das cores é uma função visual que não é diretamente afetada pelo autismo em si.

No entanto, é importante notar que as sensibilidades sensoriais podem variar de pessoa para pessoa dentro do espectro autista. Algumas pessoas com autismo têm sensibilidades sensoriais diferentes das pessoas neurotípicas, o que significa que elas podem experimentar as cores de forma mais intensa, vívida ou sensível. Por exemplo, algumas pessoas com autismo são hipersensíveis a estímulos visuais, incluindo cores brilhantes ou contrastes fortes, enquanto outras não possuem sensibilidades visuais aumentadas.

Por outro lado, algumas pessoas com autismo podem ter interesses intensos em cores específicas ou padrões visuais. Elas podem se envolver em atividades artísticas que exploram cores ou se sentirem atraídas por objetos ou cenários com determinadas combinações de cores.

40 - O que uma pessoa dentro do espectro autista pode nos ensinar?

Uma pessoa dentro do espectro pode nos ensinar muitas coisas valiosas, como:

- Aceitação da diversidade: Os autistas nos lembram da diversidade incrível que existe na humanidade. Elas nos ensinam a respeitar e valorizar as diferenças individuais em vez de tentar forçar a conformidade com padrões estabelecidos.

- Pensamento criativo e original: Muitos autistas têm uma forma única de pensar e sentir o mundo, podendo oferecer perspectivas criativas e originais sobre questões e problemas. Um novo olhar e uma linha diferente de pensamento.

- Foco: Nos mostram a importância do foco e da dedicação na busca de interesses e paixões individuais.

- Autenticidade: Os autistas nos relembram a autenticidade das interações. Atualmente vamos desaprendendo a nos posicionarmos verdadeiramente com os nossos sentimentos e interações interpessoais. Como é importante sermos verdadeiros com as nossas raízes, valores e ética pessoal.

- Resiliência: Os autistas enfrentam desafios significativos em suas vidas diariamente. No entanto, muitas delas demonstram uma incrível resiliência e determinação para superar obstáculos e alcançar seus objetivos, nos ensinando a importância deste olhar resiliente.

- Empatia e Aceitação: Embora a empatia possa ser expressa de maneiras diferentes, elas nos ensinam a importância de reconhecer e valorizar os sentimentos e experiências dos outros. Nos ensinam sobre aceitação incondicional e amor genuíno, lembrando a importância de valorizar as pessoas pelo que elas são, independentemente de suas habilidades, dificuldades ou peculiaridades.

41 - O que é Hiperfoco no autismo?

O Hiperfoco refere-se a um estado de concentração intensa e prolongada em um interesse específico, atividade ou assunto. É uma característica comum em muitas pessoas dentro do espectro autista e pode ser observada em uma variedade de idades e contextos.

Quando uma pessoa com autismo está hiperfocada em algo, dedica uma quantidade significativa de tempo e energia a esse interesse, muitas vezes em detrimento de outras atividades ou responsabilidades. Durante o hiperfoco, a pessoa pode exibir um nível extraordinário de atenção, concentração e habilidades relacionadas ao seu interesse específico.

O hiperfoco no autismo pode ser tanto uma fonte de força quanto um desafio, dependendo do contexto e das circunstâncias. Por um lado, ele permite que a pessoa explore e desenvolva habilidades em áreas de interesse especializadas, promovendo o aprendizado e o crescimento pessoal. Por outro lado, o hiperfoco pode interferir nas atividades diárias, relacionamentos sociais e obrigações escolares ou profissionais.

É essencial equilibrar o hiperfoco com outras áreas da vida e fornecer apoio e orientação adequados para garantir um desenvolvimento saudável e equilibrado.

Seguem alguns exemplos de hiperfoco no autismo:

- Dedicação intensa a um tópico ou assunto específico, como trens, dinossauros, matemática, astronomia, música, história, entre outros.

- Foco intenso em atividades criativas, como desenho, pintura, escultura, escrita, música ou programação de computadores.

- Imersão prolongada em jogos de vídeo, jogos de tabuleiro, quebra-cabeças ou outras formas de entretenimento tecnológico.

- Profundas investigações e estudos em áreas de interesse pessoal, frequentemente conduzindo a um vasto conhecimento sobre o assunto.

- Dedicação obsessiva a rotinas e rituais pessoais, como seguir uma ordem específica de atividades ou repetir certos comportamentos em determinadas situações.

42 - Por que não devemos deixar uma pessoa com autismo esperar em uma fila?

Deixar uma pessoa com autismo esperando em uma fila pode ser desafiador por várias razões, especialmente devido a algumas das características comuns do autismo, como sensibilidades sensoriais, dificuldades de comunicação e necessidade de previsibilidade e rotina, por isso, a importância de compreender o autismo para oferecer suporte em situações difíceis como aguardar em uma fila de espera. O auxílio pode incluir providenciar acomodações razoáveis, evitar filas longas sempre que possível, oferecer espaços de espera tranquilos e sensorialmente amigáveis, fornecer informações claras sobre quanto tempo a espera provavelmente levará e oferecer alternativas viáveis que facilitem o entendimento e regulação emocional da pessoa com TEA.

Seguem alguns motivos para não deixarmos um autista aguardando em uma fila:

- Sensorial: Ambientes de filas podem ser sensorialmente avassaladores para pessoas com autismo, especialmente se estiverem lotados, barulhentos, com luzes brilhantes ou com odores fortes. Essas sensibilidades podem causar desconforto significativo e até mesmo crises sensoriais.

- Compreensão: Alguns indivíduos com autismo podem ter dificuldades em compreender as instruções ou expectativas relacionadas à espera em uma fila. Isso pode resultar em frustração, ansiedade ou mal-entendidos sobre o que está acontecendo e porque estão esperando.

- Previsibilidade: Pessoas com autismo muitas vezes se sentem mais seguras e confortáveis quando têm rotinas previsíveis e sabem o que esperar em determinadas situações. Esperar em uma fila pode ser estressante porque é imprevisível quanto tempo levará e o que acontecerá depois.

- Autorregulação: Podem ter dificuldade em regular suas emoções e comportamentos quando confrontadas com situações estressantes ou desconfortáveis, como esperar em uma fila. Isso pode levar a comportamentos desafiadores ou ações disruptivas.

- Interação social: Ficar em uma fila pode exigir interação social com outras pessoas, assim como esperar pacientemente, manter a distância apropriada e seguir as regras sociais implícitas. Isso pode ser difícil para algumas pessoas com autismo, que podem preferir evitar interações sociais desconfortáveis.

43 - Quem foi que descobriu o autismo?

O autismo foi descrito e identificado pela primeira vez por vários pesquisadores e profissionais ao longo do tempo. No entanto, o termo "autismo" foi introduzido pela primeira vez pelo psiquiatra suíço Eugen Bleuler em 1911. Bleuler usou o termo para descrever um grupo de sintomas associados à esquizofrenia, incluindo retraimento social e pensamento interno excessivo.

O uso do termo "autismo" no contexto que entendemos hoje foi cunhado pelo médico austríaco Leo Kanner em 1943. Kanner publicou um artigo intitulado "Distúrbios autísticos do contato afetivo" descrevendo uma série de crianças com características semelhantes, incluindo dificuldades na interação social, comunicação e padrões de comportamento repetitivos.

Simultaneamente, o pesquisador alemão Hans Asperger também estava estudando crianças com características semelhantes, embora ele tenha identificado o que veio a ser conhecido como Síndrome de Asperger. Asperger publicou suas observações em 1944, mas seus trabalhos não foram tão amplamente reconhecidos até décadas mais tarde.

Foi somente nas décadas seguintes que o autismo passou a ser mais reconhecido como uma condição distinta e diagnosticável. Desde então, houve muitos avanços na compreensão do autismo, incluindo pesquisas sobre suas causas, características, diagnóstico e intervenções. A contribuição de pesquisadores como Kanner, Asperger e outros foi fundamental para o início desse entendimento.

Não podemos esquecer que hoje em dia as pessoas com TEA não querem mais ser associadas com Hans Asperger pela ligação do pesquisador alemão com o nazismo, e por isso, hoje, os autistas são distinguidos pelo seu nível de suporte (Nível de Suporte 1, Nível de Suporte 2, Nível de Suporte 3).

44 - O que significa o cordão de girassóis?

O cordão de girassóis é um símbolo muitas vezes associado ao autismo. Ele representa apoio, esperança, positividade, solidariedade e conscientização em relação ao autismo e à comunidade autista. O girassol em si é frequentemente utilizado como um símbolo de otimismo e aceitação.

O uso do cordão de girassóis como um símbolo do autismo e da conscientização sobre o autismo tem crescido ao longo dos anos. Muitas pessoas e organizações utilizam em eventos, campanhas e atividades para demonstrar apoio à comunidade autista e promover a compreensão e aceitação do autismo na sociedade.

45 - O que significa o cordão com quebra-cabeça?

O cordão do quebra-cabeça é outro símbolo associado ao autismo e à conscientização sobre o autismo. O quebra-cabeça é muitas vezes usado para representar a complexidade e a diversidade do autismo.

Esse cordão como um símbolo do autismo remonta ao trabalho do National Autistic Society (NAS) nos anos 1960 e 1970.

Cada peça do quebra-cabeça representa a singularidade e a individualidade das pessoas com autismo. Assim como um quebra-cabeça precisa de todas as suas peças para se tornar completo, a sociedade também precisa valorizar e incluir pessoas com autismo em sua plenitude.

Esse cordão é frequentemente usado em campanhas de conscientização sobre o autismo, eventos de arrecadação de fundos e atividades que visam aumentar a compreensão e aceitação do autismo na sociedade.

Portanto, é um símbolo de apoio à causa do autismo, representando a complexidade, diversidade e valor das pessoas dentro do espectro autista.

46 - Qual a importância de um autista utilizar o cordão de identificação?

O uso do cordão de identificação é importante para as pessoas com autismo, pois identifica rapidamente que a pessoa tem necessidades especiais relacionadas ao transtorno. Isso pode incluir informações sobre como a pessoa reage a estímulos sensoriais, necessidades de comunicação específicas facilitando a interação social, ou outras informações importantes para garantir que ela receba o apoio e a compreensão necessários em situações diversas, aumentando a conscientização do público em geral sobre como interagir com um autista. Em ambientes lotados ou movimentados é importante para evitar que se perca dos seus amigos e/ou familiares, sendo especialmente útil pela segurança e proteção.

Para os cuidadores e familiares de uma pessoa com autismo, o uso de um cordão de identificação pode proporcionar uma sensação de tranquilidade, sabendo que informações cruciais estão disponíveis em caso de emergência ou necessidade.

O uso do cordão é uma escolha individual, e nem todas as pessoas com autismo podem querer ou se sentir confortáveis em usar. Algumas podem preferir outros métodos de comunicação de necessidades especiais, como cartões de comunicação ou aplicativos de celular. O importante é respeitar as preferências e necessidades de cada pessoa com autismo.

47 - Existe algum tipo de documentação que identifique um autista?

Antigamente não havia um documento de identificação, atualmente existe a Lei nº 13.977 – sancionada em 2020, conhecida como Lei Romeo Mion – que permite a emissão de uma Carteira de Identificação da Pessoa com Transtorno do Espectro Autista (CipTEA), garantindo a todos aqueles com o diagnóstico de autismo um documento que possa ser apresentado para informar a condição do indivíduo.

As pessoas dentro do espectro que optarem por não usar a carteira CipTEA podem utilizar os cartões de identificação, pulseiras, documentos fornecidos por organizações ou profissionais de saúde que descrevem suas necessidades e condições específicas.

O documento ou cartão pode colaborar fornecendo informações importantes sobre suas necessidades e como os outros podem ajudá-las em emergências ou durante interações sociais. Esses documentos podem incluir informações sobre sensibilidades sensoriais, métodos de comunicação preferidos, contatos de emergência e outras orientações relevantes.

A disponibilidade e a forma desses documentos podem variar de acordo com a região geográfica, os recursos disponíveis e as preferências individuais da pessoa com autismo e de sua família.

A identificação de uma pessoa como autista não deve ser necessariamente baseada apenas em documentos ou cartões. O autismo é uma parte da identidade de uma pessoa, mas não define quem ela é como indivíduo. O respeito às necessidades e preferências de cada pessoa, independentemente de sua condição, é fundamental para promover a inclusão e o apoio à diversidade

48 – Quais as garantias e benefícios da Lei Romeo Mion?

Além da documentação de identificação, ainda oferece os seguintes benefícios:

- Atenção;
- Pronto atendimento e prioridade no atendimento;
- Acesso aos serviços públicos e privados.

49 – Quais os documentos necessários para a emissão da carteirinha Romeo Mion?

A CipTEA é emitida por órgãos estaduais, municipais e distritais que executam a Política Nacional de Proteção dos Direitos da Pessoa com TEA, e tem validade de cinco anos.

Documentos necessários para solicitação da carteirinha:

- Requerimento;
- Relatório médico com CID – Classificação Estatística Internacional de Doenças e Problemas relacionadas à Saúde;
- Nome Completo
- Filiação
- Data de Nascimento
- CPF
- Tipo sanguíneo
- Nacionalidade
- Telefone

- Endereço residencial
- Foto 3x4

Dados da pessoa cuidadora:

- Nome Completo
- Documentação de identificação
- Endereço residencial
- E-mail
- Telefone

50 - O que significa o símbolo do infinito escolhido pelo autismo?

O símbolo do infinito, muitas vezes representado por um laço em forma de oito deitado (∞), tem sido adotado por algumas organizações e grupos dentro da comunidade como um símbolo de conscientização sobre o autismo.

O uso desse símbolo pode ter vários significados associados:

- Diversidade: Representa a ideia de infinita diversidade dentro do espectro autista. Ele reconhece que o autismo é uma condição complexa e heterogênea, com uma ampla variedade de características, habilidades e experiências.

- Possibilidades: Simboliza a ideia de infinitas possibilidades e potenciais para pessoas com autismo. Ele destaca a importância de reconhecer e apoiar os talentos, habilidades e contribuições únicas de indivíduos dentro do espectro autista.

- Neurodiversidade: O símbolo do infinito é frequentemente associado à neurodiversidade, que valoriza e celebra a diversidade de funcionamento cerebral e estilos cognitivos. Ele destaca a importância de respeitar e aceitar as diferenças individuais, incluindo aquelas associadas ao autismo.

- Conscientização: Uma forma de aumentar a conscientização sobre o autismo e promover a aceitação e a inclusão de pessoas dentro do espectro autista na sociedade.

É importante notar que sua interpretação e significado variam de acordo com a perspectiva e o contexto de quem o utiliza.

51 - Qual o símbolo mundialmente conhecimento pelo autismo?

O símbolo mais amplamente reconhecido associado ao autismo é o quebra-cabeça, composto por várias peças de diferentes formas e cores, muitas vezes representadas em uma configuração desse jogo. Esse símbolo tem sido amplamente utilizado por organizações, grupos de apoio, profissionais e pessoas dentro da comunidade autista como um símbolo de conscientização, aceitação e apoio ao autismo.

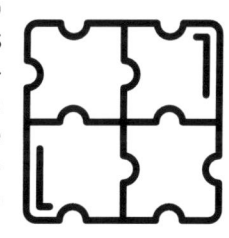

O quebra-cabeça é frequentemente utilizado porque simboliza a complexidade e a diversidade do autismo. Cada peça representa a singularidade e a individualidade das pessoas dentro do espectro autista. Assim como um quebra-cabeça precisa de todas as suas peças para se tornar completo, a sociedade também precisa valorizar e incluir pessoas com autismo em sua plenitude.

O símbolo do quebra-cabeça foi popularizado pelo National Autistic Society (NAS) nos anos 1960 e 1970 e desde então tem sido adotado por muitas organizações e indivíduos em todo o mundo como um símbolo de autismo e conscientização sobre o autismo.

52 - Qual é o Dia da Conscientização Mundial do Autismo?

O Dia Mundial de Conscientização do Autismo é celebrado em 2 de abril.

Esse dia foi designado pela Organização das Nações Unidas (ONU) para aumentar a conscientização sobre o autismo em todo o mundo e promover a inclusão e a aceitação das pessoas dentro do espectro autista na sociedade.

O Dia Mundial de Conscientização do Autismo é uma oportunidade para educar o público sobre o autismo, promover a compreensão das necessidades das pessoas com autismo e celebrar a diversidade e as contribuições das pessoas dentro do espectro.

Durante esse dia e ao longo de todo o mês de abril, várias organizações, grupos de apoio, profissionais de saúde, pessoas públicas, mídias sociais, educadores e indivíduos dentro da comunidade autista realizam eventos, campanhas de conscientização, palestras e atividades destinadas a aumentar o entendimento e a aceitação do autismo.

Cada vez mais podemos notar que a sociedade procura combater o preconceito e preconceito existentes há anos através do conhecimento e aceitação familiar. Temos que nos unir não somente no dia 2 de abril para falarmos e conscientizar sobre o tema. Trazer o assunto no dia a dia em rodas de conversa, almoços ou momentos familiares, confraternizações entre amigos e não só trazendo o tema quando temos alguém próximo com TEA, e, sim, como um assunto educativo e normal em uma roda de conversa.

53 - O que significam as cores do símbolo que representa o autismo mundialmente?

O símbolo do autismo, representado pelo quebra-cabeça, geralmente é composto por várias peças desse jogo em diferentes cores. Embora não haja um padrão universal para as cores do quebra-cabeça autista, existem algumas interpretações:

- Azul: Associado ao autismo e é amplamente reconhecido como a cor simbólica. O uso do azul remonta à campanha "Light It Up Blue" (Ilumine-o de Azul) da Autism Speaks, uma organização de defesa do autismo, que escolheu essa cor para aumentar a conscientização sobre esse transtorno em todo o mundo.

- Verde, Vermelho e Amarelo: Algumas versões do símbolo do quebra-cabeça incluem peças em cores como vermelho, amarelo e verde, representando a diversidade das experiências e perspectivas das pessoas dentro do espectro autista.

- Arco-Íris: As peças do quebra-cabeça podem também ser representadas em várias cores do arco-íris, simbolizando a diversidade e a inclusão da comunidade autista.

As cores do quebra-cabeça autista podem variar em diferentes representações e contextos, e não há uma combinação oficial ou padronizada. O mais importante é que o símbolo do quebra-cabeça representa a complexidade e a diversidade do autismo, bem como a necessidade de compreensão, aceitação e inclusão das pessoas dentro do espectro autista na sociedade.

54 - Quais são os principais princípios para um bom convívio com um autista?

Gentileza, paciência, conhecimento, promoção da autonomia, compreensão das necessidades, tolerância, aceitação, flexibilidade, fornecer espaço físico quando necessário, respeito, igualdade, observação silenciosa e atenciosa às necessidades do autista, escuta ativa, quebra de preconceito e preconceitos, construção e sustentação de um ambiente seguro para conexão de segurança.

55 - O que é cegueira mental quando o assunto é autismo?

Quando se trata de autismo, esse não é um termo técnico ou amplamente reconhecido na comunidade médica ou autista. No entanto, pode-se interpretar que "cegueira mental" seja uma expressão usada para descrever:

- Falta de conhecimento;
- Falta de empatia e sensibilidade;
- Falta de acesso e apoio adequado;
- Falta de conscientização e inclusão.

Para combater a "cegueira mental" em relação ao autismo, é crucial promover a educação e a aceitação da diversidade neurocognitiva. Isso inclui desafiar estereótipos e preconceitos, promover a inclusão e o respeito pelas pessoas dentro do espectro autista e apoiar a criação de ambientes que sejam acessíveis e acolhedores para todos.

56 - O que traz conforto ou tranquilidade para o autista quando se sente sobrecarregado sensorialmente?

Quando um autista se sente sobrecarregado é importante oferecer estratégias que possam ajudá-lo a se tranquilizar.

Seguem algumas dicas que podem ser úteis:

- Ambiente calmo: Proporcionar um ambiente controlado, com poucos estímulos sensoriais, pode ajudar a reduzir a sobrecarga sensorial. Isso inclui diminuir a intensidade de luzes brilhantes, reduzir o ruído ambiente e minimizar outras fontes de estímulo sensorial.
- Espaço seguro: Oferecer um espaço confortável onde a pessoa possa se retirar temporariamente para se acalmar e se recuperar da sobrecarga sensorial. Exemplo: uma sala tranquila, um canto acolhedor ou qualquer lugar onde a pessoa se sinta segura e protegida.
- Técnicas de respiração: Ensinar e incentivar o uso de técnicas de respiração profunda, meditação, relaxamento muscular progressivo ou outras estratégias de redução do estresse pode ajudar a pessoa autista a se acalmar e recuperar o equilíbrio sensorial.
- Estimulação sensorial: Algumas pessoas autistas podem se beneficiar de estímulos sensoriais controlados e terapêuticos, como música suave, luzes de cores suaves, texturas reconfortantes ou objetos sensoriais, para ajudá-las a se acalmar e se regular sensorialmente.
- Comunicação clara: Garantir que a pessoa autista saiba que é compreendida e apoiada durante momentos de sobrecarga sensorial pode ser reconfortante. Oferecer comunicação objetiva, empática e estar presente para oferecer suporte em geral ajuda a pessoa a se sentir

mais segura e tranquilizada.

- Individualidade: Respeitar os limites individuais da pessoa autista e não a forçar a permanecer em situações que causem desconforto ou sobrecarga sensorial é fundamental. Permitir que ela tenha controle sobre seu ambiente e suas experiências pode ajudar a promover uma sensação de segurança e autonomia.

Observar que as preferências e necessidades sensoriais podem variar de pessoa para pessoa dentro do espectro autista, respeitando sua singularidade.

57 - Como é a mudança de rotina para um autista? Como ela deve ser feita?

A mudança de rotina pode ser desafiadora, pois pessoas com TEA tendem a valorizar a previsibilidade e a consistência em suas vidas.

Seguem dicas sobre como facilitar a transição e minimizar o impacto da mudança de rotina para uma pessoa autista:

- É importante comunicar a mudança com antecedência para a pessoa se preparar mentalmente e reduzir a ansiedade associada a ela, a utilização de recursos visuais (calendários, agendas, diagramas) facilita o entendimento do que está por vir em relação à mudança e executá-la gradualmente seria o ideal, a flexibilidade na rotina para acomodar a mudança será um bom aliado neste momento juntamente com elementos do ambiente já existentes (caso seja mudança de ambiente), valide os sentimentos e transição dando suporte emocional e assim tudo ocorrerá da melhor maneira possível dentro das necessidades de todos.

Cada pessoa autista é única, e as estratégias que funcionam para uma pessoa podem não ser eficazes para outra. Respeite isso!!!

58 - O que é mal compreendido sobre o autismo?

Existem várias concepções equivocadas e mal-entendidos comuns sobre o autismo que podem contribuir para estigmas, discriminação e falta de compreensão. Aqui estão alguns dos pontos mal compreendidos sobre o autismo:

- O autismo é um espectro, o que significa que abrange uma ampla gama de características, habilidades e desafios. Cada pessoa autista é única, com suas próprias experiências e necessidades individuais.

- O autismo não é uma doença, mas sim uma diferença neurocognitiva. Embora algumas pessoas com autismo possam enfrentar desafios em certas áreas, muitas também têm habilidades e talentos únicos.

- Embora algumas pessoas autistas tenham habilidades excepcionais em áreas específicas, como matemática, música ou memorização, nem todas têm essas habilidades. O autismo se manifesta de maneira diferente em cada indivíduo.
- Muitas pessoas autistas têm empatia e são capazes de compreender e se conectar emocionalmente com os outros. No entanto, a expressão da empatia pode ser diferente daquela considerada típica.
- O autismo não é causado por má educação, trauma emocional ou por como os pais criam seus filhos. É uma condição neurobiológica complexa com influências genéticas e ambientais.
- Embora algumas pessoas autistas possam enfrentar desafios na interação social, muitas valorizam relacionamentos significativos e têm o desejo de se conectar com os outros.
- O autismo não é uma condição que pode ser "curada". No entanto, intervenções e apoios adequados podem ajudar pessoas autistas a desenvolver habilidades, lidar com desafios e alcançar seu potencial máximo.
- Embora algumas pessoas autistas possam valorizar o tempo sozinhas, muitas também desejam interações sociais e conexões significativas com os outros.

É fundamental desafiar esses mal-entendidos e promover uma compreensão mais precisa e respeitosa do autismo. Isso envolve reconhecer a diversidade e as experiências individuais das pessoas autistas e apoiar a inclusão, a aceitação e a valorização de suas contribuições únicas para a sociedade.

Acreditar que o autista não sabe amar, expressar o que sente, eles expressam de uma forma singular que requer paciência para ter entendimento, não ser capaz de viver sozinho ou conviver socialmente de forma positiva e construtiva.

59 - Como a música, arte e outras formas de expressão podem afetar o autista?

A música, arte e outras formas de expressão podem ter um impacto significativo nas pessoas autistas, oferecendo oportunidades de comunicação, expressão emocional, e desenvolvimento de habilidades sociais e motoras.

Aqui estão alguns dos efeitos positivos que essas formas de expressão podem ter:

- Para muitas pessoas autistas, a música e a arte podem servir como uma forma de comunicação não verbal, permitindo que expressem pensamentos, emoções e experiências de maneiras que podem ser difíceis de expressar verbalmente.

- A música, arte e outras formas de expressão artística oferecem uma saída para a expressão emocional e autoexpressão. Elas podem ajudar as pessoas autistas a processar e comunicar emoções de maneiras significativas e terapêuticas.

- A música pode ser usada como uma ferramenta para ajudar a regular as respostas sensoriais das pessoas autistas. Certos tipos de música podem acalmar, reduzir a ansiedade e promover o relaxamento.

- Participar de atividades musicais, artísticas e criativas pode promover interações sociais positivas e habilidades de trabalho em equipe. Trabalhar em conjunto em projetos artísticos também ajuda a desenvolver habilidades de comunicação e colaboração.

- Envolvimento em atividades artísticas, como desenho, pintura ou dança, pode ajudar a melhorar as habilidades motoras e a coordenação motora fina das pessoas autistas.

- Participar de atividades artísticas pode aumentar a autoestima e a confiança das pessoas autistas, proporcionando uma oportunidade para elas explorarem suas habilidades, expressarem sua criatividade e receberem reconhecimento por suas realizações.

- A música e a arte podem oferecer uma saída para o foco e a concentração intensos, comuns em algumas pessoas autistas. Elas muitas vezes ficam profundamente envolvidas em atividades musicais ou artísticas, perdendo a noção do tempo enquanto se concentram em seus interesses.

Nem todos responderão da mesma forma a estímulos musicais ou artísticos, e é importante respeitar as preferências e limitações individuais de cada pessoa. Incorporar música, arte e outras formas de expressão criativa em programas de apoio e educação pode oferecer benefícios significativos para muitas pessoas autistas, ajudando-as a alcançar seu potencial máximo e se envolverem de maneira significativa com o mundo ao seu redor.

60 - Como oferecer apoio ao colaborador autista no ambiente de trabalho?

Oferecer apoio a um colaborador autista no ambiente de trabalho envolve criar um ambiente inclusivo, compreensivo e acessível, que reconheça e valorize suas habilidades e necessidades individuais. Aqui estão algumas estratégias para oferecer esse tipo de apoio:

Eduque-se e eduque os colegas de trabalho sobre o autismo, suas características e suas variabilidades. Promova uma cultura de respeito, aceitação e compreensão da diversidade neurocognitiva.

Utilize comunicação clara, direta e objetiva ao interagir com o colaborador autista. Evite linguagem ambígua, metáforas ou sarcasmo, que podem ser difíceis de compreender.

Ofereça rotinas consistentes e claras, bem como expectativas objetivas em relação ao trabalho e às responsabilidades. Isso ajuda a reduzir a ansiedade e a incerteza para o colaborador autista.

Faça ajustes no ambiente de trabalho, conforme necessário, para acomodar as necessidades do colaborador autista. Isso pode incluir a redução de estímulos sensoriais, como luzes brilhantes ou ruído excessivo, ou a oferta de espaços tranquilos para momentos de pausa e recuperação.

Seja flexível em relação a prazos e horários sempre que possível. Reconheça que o colaborador autista pode ter necessidades específicas em termos de horários ou ritmo de trabalho.

Promova interações sociais positivas e inclusivas no ambiente de trabalho. Incentive a colaboração e o apoio entre colegas de trabalho e ofereça orientação e suporte sempre que necessário.

Reconheça e valorize as habilidades e contribuições do colaborador autista. Ofereça feedback construtivo e reconhecimento por seu trabalho e realizações.

Ofereça oportunidades de desenvolvimento profissional e aprendizado que atendam às necessidades e interesses individuais do colaborador autista. Isso pode incluir treinamentos, workshops ou programas de mentoria.

Considere designar um mentor ou tutor para oferecer suporte adicional ao colaborador autista, ajudando-o a se adaptar ao ambiente de trabalho e a desenvolver habilidades profissionais.

Promova a autonomia e a autodeterminação do colaborador autista, envolvendo-o ativamente em decisões que afetam seu trabalho e garantindo que tenha oportunidades de expressar suas preferências e contribuições.

Ao implementar essas estratégias, você pode criar um ambiente de trabalho mais inclusivo e solidário, que permita ao colaborador autista alcançar seu potencial máximo e contribuir de maneira significativa para a equipe e a organização.

61 - Como definir prazo de entrega de um trabalho para um autista?

Definir prazos de entrega de trabalhos para pessoas autistas requer sensibilidade e flexibilidade para acomodar as necessidades individuais e preferências de cada pessoa.

Seguem algumas diretrizes que podem ajudar a definir prazos de entrega de forma eficaz:

- Inicie uma comunicação aberta e franca com a pessoa autista para entender suas preferências e necessidades em relação a prazos de entrega. Pergunte sobre suas habilidades, ritmo de trabalho e quaisquer desafios que possa enfrentar em relação ao cumprimento de prazos.

- Seja claro sobre as expectativas em relação ao trabalho e aos prazos de entrega desde o início. Discuta as metas e objetivos do projeto, bem como as etapas e os prazos intermediários, se aplicável.

- Leve em consideração as habilidades, preferências e desafios individuais da pessoa autista ao definir prazos de entrega. Algumas pessoas autistas podem preferir prazos mais flexíveis, enquanto outras, prazos mais estruturados.

- Esteja aberto a ajustar os prazos de entrega conforme necessário, levando em consideração circunstâncias imprevistas, dificuldades específicas ou necessidades de adaptação da pessoa autista.

- Se possível, divida o trabalho em etapas menores e gerenciáveis, com prazos de entrega para cada etapa. Isso pode ajudar a pessoa autista a gerenciar melhor o trabalho e a cumprir os prazos de forma mais eficaz.

- Certifique-se de que os prazos de entrega sejam realistas e factíveis, levando em consideração a complexidade do trabalho, o tempo necessário para conclusão e quaisquer limitações ou desafios específicos que a pessoa autista possa enfrentar.

- Ofereça apoio e recursos adequados para ajudar a pessoa autista a cumprir os prazos de entrega, como treinamento adicional, acesso a ferramentas e tecnologias de assistência, ou suporte de colegas de trabalho.

- Mantenha uma comunicação regular e acompanhe o progresso do trabalho para garantir que os prazos de entrega estejam sendo cumpridos e para oferecer apoio adicional, se necessário.

62 - Como lidar e me apresentar para um colega de trabalho autista?

Evite interrompê-lo e comunicar-se enquanto ele estiver focado em alguma tarefa, seja claro com as falas e evite troca de rotina sem prévia comunicação para que ele possa se acostumar com a mudança. Autistas têm dificuldades de fala com duplo sentido e mudança de rotina ou tarefa. Tenha paciência e tudo ocorrerá da melhor maneira possível para todos.

63 - É possível que o ato de escrever utilizando caneta seja uma dificuldade para um autista?

Sim, é possível que o ato de escrever utilizando uma caneta seja uma dificuldade para algumas pessoas autistas. Isso pode ocorrer por uma variedade de razões, incluindo questões sensoriais, motoras, cognitivas ou de coordenação.

Algumas pessoas autistas podem ter sensibilidades sensoriais que as tornam sensíveis ao toque da caneta no papel, à textura do papel ou ao som do atrito entre a caneta e o papel. Esses estímulos sensoriais podem ser aversivos ou desconfortáveis para elas, dificultando o ato de escrever.

Além disso, questões motoras, como dificuldades de coordenação motora fina, destreza manual reduzida ou controle motor impreciso, também podem tornar difícil para pessoas autistas escreverem com uma caneta de maneira legível e eficaz.

Em alguns casos, questões cognitivas, como dificuldades de processamento visual-espacial, organização das ideias ou planejamento motor, também podem contribuir para a dificuldade em escrever utilizando uma caneta.

Para superar essas dificuldades, é importante considerar abordagens alternativas e adaptativas para a escrita, como o uso de dispositivos eletrônicos, teclados adaptados, softwares de reconhecimento de voz ou outras tecnologias assistivas. Essas alternativas podem ajudar a pessoa autista a comunicar suas ideias e pensamentos de maneira mais eficaz e acessível, respeitando suas necessidades individuais e habilidades.

Sim, converse e explique que a sua intenção é ajudá-lo a encontrar a maneira mais confortável para a realização de uma tarefa, seja no dia a dia no trabalho. Verifique se um computador será mais útil para a execução da tarefa

64 - É normal autistas terem depressão ou ansiedade? Existe um percentual?

Sim, é comum que pessoas autistas enfrentem desafios relacionados à saúde mental, incluindo depressão e ansiedade. Estudos e pesquisas mostram que as taxas de depressão e ansiedade são mais altas entre indivíduos autistas em comparação com a população em geral. No entanto, é importante observar que a experiência de cada pessoa autista é única, e nem todos enfrentarão os mesmos desafios ou terão os mesmos sintomas.

As causas da depressão e ansiedade em pessoas autistas podem ser multifacetadas e incluir uma combinação de fatores genéticos, neurobiológicos, sociais e ambientais. Além disso, as características do autismo, como dificuldades na interação social, sensibilidades sensoriais, e desafios de comunicação, podem contribuir para o desenvolvimento de problemas de saúde mental.

É difícil estabelecer um percentual exato de prevalência de depressão e ansiedade em pessoas autistas, pois os estudos variam em suas amostras, metodologias e critérios de diagnóstico. No entanto, algumas pesquisas sugerem que a prevalência de depressão e ansiedade em pessoas autistas pode ser significativamente maior do que na população em geral, com estimativas variando em torno de 40% a 50% ou até mais em alguns estudos.

É fundamental oferecer apoio e recursos adequados para ajudar pessoas autistas a lidar com problemas de saúde mental. Isso inclui acesso a serviços de saúde mental, intervenções terapêuticas, apoio social e familiar, e estratégias de autogestão. A detecção precoce e a intervenção são essenciais para garantir que as necessidades de saúde mental das pessoas autistas sejam reconhecidas e abordadas de forma eficaz.

65 - Existe preconceito com pessoas dentro do espectro e seus familiares?

Sim, infelizmente, existe preconceito em relação às pessoas dentro do espectro autista (TEA) e seus familiares. Este preconceito pode assumir várias formas e manifestar-se de diferentes maneiras na sociedade.

Seguem algumas formas de preconceito:

- Estereótipos Negativos: Pessoas dentro do espectro autista muitas vezes são estereotipadas e mal compreendidas. Estereótipos negativos podem incluir a crença de que todas as pessoas autistas são incapazes, pouco inteligentes ou sem capacidade de se relacionar com os outros.

- Discriminação e Exclusão Social: Pessoas autistas podem enfrentar discriminação e exclusão em vários aspectos da vida, incluindo educação, emprego, habitação e participação em atividades sociais.

- Bullying e Assédio: Pessoas autistas, especialmente crianças e jovens, estão em maior risco de serem alvo de bullying e assédio. Isso pode incluir bullying verbal, físico e emocional, bem como exclusão social por parte de seus pares.

- Desrespeito às Necessidades e Diferenças: Muitas vezes, as necessidades e diferenças das pessoas autistas são desconsideradas ou não levadas a sério. Isso pode incluir a falta de acesso a serviços de apoio e recursos adequados, bem como a falta de compreensão e respeito pelas formas únicas de comunicação e interação das pessoas autistas.

- Estigmatização da Família: Familiares de pessoas autistas também podem enfrentar estigmatização e julgamento por parte da sociedade. Isso muitas vezes inclui o sentimento de culpa injustificado ou a pressão para justificar as necessidades e comportamentos de seus entes queridos.

É importante combater o preconceito e a discriminação em relação às pessoas dentro do espectro autista e seus familiares, promovendo a educação, a conscientização e a aceitação da diversidade neurocognitiva. Isso envolve desafiar estereótipos, promover a inclusão em todos os aspectos da vida e defender os direitos e dignidade das pessoas autistas e suas famílias. A criação de comunidades mais inclusivas e solidárias beneficia todos.

66 - Quais as frases que se deve evitar falar para um autista ou seus familiares?

Ao interagir com uma pessoa autista ou seus familiares, é importante usar linguagem respeitosa e empática. Evitar certas frases ou abordagens pode ajudar a promover uma comunicação mais positiva e inclusiva.

Veja a seguir algumas frases que devem ser evitadas:

- *Nem parece autista, ele entende o que eu falo.*
- *Não tem cara de autista, tem certeza de que é?*
- *Autista pode sair de casa?*
- *Autista é capaz?*
- *Um autista entende o que eu falo?*
- *Você não parece ter nenhum problema.*
- *Você não é normal.*
- *Por que um autista não olha nos olhos?*
- *Você vai superar isso.*

- *Você não está tentando o suficiente.*
- *Você é muito sensível.*
- *Você não deveria se comportar assim.*

Entre outras frases que machucam emocionalmente quem as escuta, por isso, cuidado... É importante que a abordagem seja respeitosa e, se não entender sobre o tema... estude, converse, procure auxílio de quem entende, seja empático e, acima de tudo, se coloque no lugar de quem escuta, seja a pessoa dentro do espectro ou um familiar, palavras ditas machucam e criam gatilhos e dores irreparáveis.

67 - Como identificar um autista no ambiente corporativo?

Identificar um colega de trabalho como autista pode não ser tão simples, pois o autismo é uma condição neurodiversa que não é facilmente reconhecida apenas pela observação externa. Além disso, as características do autismo variam significativamente de uma pessoa para outra, tornando difícil generalizar comportamentos ou traços específicos.

No entanto, aqui estão algumas sugestões sobre como identificar um colega de trabalho que pode ser autista:

- Algumas pessoas autistas podem exibir comportamentos característicos, como dificuldades na comunicação verbal ou não verbal, sensibilidades sensoriais, interesses intensos em áreas específicas e padrões de comportamento repetitivo.

- Preste atenção aos padrões de comunicação do seu colega de trabalho. Eles podem preferir formas específicas de comunicação, como e-mails ou mensagens de texto, em vez de interações presenciais. Eles podem ter dificuldades em entender sarcasmo, metáforas ou linguagem figurativa.

- Observe se seu colega de trabalho parece sensível a estímulos sensoriais, como luzes brilhantes, sons altos ou texturas específicas. Eles podem preferir um ambiente de trabalho mais silencioso ou ter preferências específicas em relação ao ambiente de trabalho.

- Note se seu colega parece ter rotinas ou preferências específicas em relação à organização do trabalho, horários ou tarefas, podendo se sentir mais confortáveis com rotinas previsíveis e estruturadas.

- Pergunte sobre os interesses e hobbies. Eles podem ter interesses intensos em áreas específicas e serem muito bem-informados sobre determinados assuntos.

Lembrar que o autismo é uma condição complexa e variada é essencial, e que nem todas as pessoas autistas exibirão essas características de maneira óbvia, pois são individuais.

68 - Por que há autistas que falam e outros não?

O correto é dizer autista verbal e não verbal. Temos muito que nos educar como sociedade para nos comunicarmos através das palavras corretas independentemente do assunto.

O autismo é um espectro de condições neurológicas complexas, e as características e habilidades de cada pessoa autista podem variar amplamente. Uma das características do autismo é a variabilidade na linguagem e na comunicação.

Algumas pessoas autistas desenvolvem habilidades de linguagem típicas ou próximas do típico e são capazes de falar fluentemente desde tenra idade. Outras pessoas autistas podem ter dificuldades com a linguagem verbal e podem desenvolver a fala mais tarde do que o esperado, ou podem ter uma fala limitada ou inexistente.

As razões para essas diferenças na linguagem podem ser multifacetadas e incluir uma combinação de fatores genéticos, neurológicos, sensoriais, cognitivos e ambientais.

Seguem algumas das razões pelas quais alguns autistas falam enquanto outros não:

- Neurológica: O autismo está associado a diferenças na conectividade e no processamento neural no cérebro. Essas diferenças podem afetar a maneira como as pessoas autistas processam e respondem à linguagem e à comunicação.

- Sensorial: Algumas pessoas podem ter sensibilidades sensoriais que tornam a comunicação verbal desafiadora. Por exemplo, apresentarem dificuldade em processar e filtrar estímulos sensoriais, como ruídos ou texturas, o que pode interferir na sua capacidade de se concentrar na comunicação verbal.

- Coordenação Motora: Podem ter dificuldades com habilidades motoras finas que são necessárias para a produção da fala. Isso pode afetar a sua capacidade de articular palavras e sons de maneira clara e compreensível.

- Processamento auditivo: Algumas pessoas podem ter dificuldade em processar e compreender a linguagem auditiva, o que pode afetar sua capacidade de desenvolver habilidades de linguagem verbal.

- Comorbidades: Comorbidades médicas, como distúrbios do desenvolvimento neurológico ou deficiências intelectuais, que podem afetar sua capacidade de desenvolver a fala.

Lembre-se: a falta de linguagem verbal não é indicativa de falta de inteligência ou capacidade. Muitas pessoas autistas que não falam verbalmente são capazes de se comunicar de outras maneiras, como por meio de sistemas alternativos e aumentativos de comunicação (AAC), linguagem gestual, comunicação pictórica ou tecnologia assistiva.

O apoio e a intervenção adequados podem ajudar a promover o desenvolvimento da comunicação e da linguagem em pessoas autistas, independentemente do seu nível atual de habilidades linguísticas. É fundamental respeitar e valorizar todas as formas de comunicação e apoiar as necessidades individuais de cada pessoa autista.

69 - Qual a maior dificuldade de um autista?

Dificuldade de interação social.

70 - Qual a melhor forma de trabalhar com um autista?

Trabalhar com um funcionário autista pode ser uma experiência enriquecedora e produtiva quando você implementa uma rotina eficaz que leve em consideração as necessidades individuais e habilidades do funcionário.

Segue a descrição de uma rotina efetiva para trabalhar com um funcionário autista:

- Crie um ambiente de trabalho que seja acessível e que leve em consideração as necessidades sensoriais do funcionário autista. Isso pode incluir ajustes no ambiente físico, como iluminação e ruído, para torná-lo mais confortável;

- Estabeleça rotinas consistentes e previsíveis sempre que possível. Isso pode ajudar o funcionário autista a se sentir mais seguro e confiante em relação ao ambiente de trabalho;

- Seja flexível e adaptável às necessidades individuais do funcionário autista. Reconheça que nem todos os dias serão iguais e esteja aberto a ajustar as rotinas e tarefas conforme necessário;

- Promova um ambiente de trabalho inclusivo e solidário, onde todos os funcionários sintam-se valorizados e respeitados. Incentive a colaboração e o apoio entre colegas de trabalho. Conscientização sobre o tema com os outros colaboradores que irão trabalhar diretamente ou indiretamente com o colaborador autista;

- Reconheça que a comunicação não verbal e alternativa pode ser uma forma eficaz de comunicação para alguns funcionários autistas. Esteja aberto a usar ferramentas de comunicação alternativas, como linguagem gestual ou sistemas de comunicação por imagens;

- Forneça ao funcionário autista o apoio e os recursos adequados para que ele possa desempenhar suas funções de maneira eficaz. Isso pode incluir treinamento adicional, tecnologia assistiva ou acompanhamento individualizado;

- Ofereça feedback regular e reconhecimento pelo trabalho bem-feito. Valorize as contribuições do funcionário autista e reconheça suas realizações;

- Evite excesso de sonorização e iluminação;

- Utilize os dons do autista através dos interesses dele e suas aptidões, que são inúmeras;

- Não faça diferenciação de conteúdo com outro colegas de trabalho;

- Trate com o mesmo respeito e igualdade de outros colegas da empresa;

- Verifique no currículo qual a melhor colocação para o autista considerando suas aptidões;

- Não o interrompa durante sua concentração;

- Caso haja mudança de rotina ou trabalho avise com antecedência para que ele possa processar mentalmente e emocionalmente e começar a elaborar como irá agir daqui para frente;

- Se possível, use recursos visuais, ajuda muito na comunicação e socialização;

- Seja claro e objetivo com as falas e solicitações;

- Não utilize palavras de duplo sentido.

Importante lembrar que cada pessoa autista é única, e as estratégias que funcionam para um funcionário podem não funcionar para outro. Portanto, é importante estar aberto a aprender e adaptar sua abordagem para atender às necessidades individuais de cada funcionário autista.

71 - Quais as dificuldades que o autista e o entrevistador podem enfrentar durante uma entrevista de emprego?

Durante uma entrevista de emprego, tanto o autista quanto o entrevistador podem enfrentar diversos desafios.

Seguem algumas das dificuldades comuns que cada parte pode enfrentar:

DIFICULDADES DO AUTISTA

- Pessoas autistas podem ter dificuldades em interpretar e responder aos sinais sociais sutis durante a entrevista, como contato visual, linguagem corporal e tom de voz.

- A pressão da entrevista de emprego pode aumentar a ansiedade e o estresse em pessoas autistas, especialmente se elas têm sensibilidades sensoriais ou dificuldades com mudanças na rotina.

- Perguntas abstratas ou hipotéticas são desafiadoras para pessoas autistas, que podem ter uma preferência por informações concretas e diretas.

Alguns autistas podem ter dificuldades em expressar verbalmente suas habilidades, experiências e pontos fortes de maneira clara e concisa durante a entrevista.

DIFICULDADES DO ENTREVISTADOR

- Muitos entrevistadores podem não estar familiarizados com o autismo e suas características, o que pode levar a mal-entendidos e expectativas irrealistas durante a entrevista.

- Comportamentos atípicos ou reações incomuns durante a entrevista podem ser mal interpretados pelo entrevistador, levando a avaliações injustas ou preconceituosas do candidato autista.

- Entrevistadores podem não adaptar sua abordagem de entrevista para acomodar as necessidades e estilos de comunicação únicos de pessoas autistas, o que pode dificultar a avaliação precisa do candidato.

- Alguns entrevistadores podem não ser sensíveis aos desafios enfrentados por pessoas autistas durante a entrevista, o que poderá afetar a experiência do candidato e sua capacidade de se destacar.

Para superar essas dificuldades, é importante que tanto o autista quanto o entrevistador estejam cientes das necessidades e desafios do outro e trabalhem juntos para criar um ambiente de entrevista inclusivo e respeitoso. Os entrevistadores podem se beneficiar de treinamento em diversidade e inclusão, incluindo o autismo, enquanto os candidatos autistas podem se preparar com antecedência, praticar técnicas de entrevista e considerar solicitar adaptações razoáveis, se necessário. A comunicação aberta e a compreensão mútua são fundamentais para uma entrevista de emprego bem-sucedida para todas as partes envolvidas.

72 - Quais os pontos fortes de um autista?

Pessoas autistas têm uma série de pontos fortes e habilidades que podem ser valorizados em diversos contextos.

Seguem alguns dos pontos fortes comuns entre pessoas autistas:

- Detalhista: Muitos autistas têm uma capacidade excepcional de prestar atenção aos detalhes, o que pode ser vantajoso em áreas como ciência, tecnologia, engenharia e matemática (STEM), bem como em profissões que exigem precisão e minúcia.

- Alta Concentração: Autistas frequentemente exibem capacidade de concentração profunda em áreas de interesse específicas. Essa habilidade pode resultar em um foco intenso e produtivo em tarefas ou projetos complexos.

- Analítico: Autistas têm habilidades de pensamento lógico e analítico altamente desenvolvidas. Isso pode ser vantajoso em campos como programação de computadores, pesquisa científica e resolução de problemas complexos.

- Originalidade: O autismo também está associado a uma gama de interesses e perspectivas únicas. Muitas pessoas autistas são criativas e originais em suas abordagens para resolver problemas, expressar ideias e criar arte.

- Boa Memória: Uma memória detalhada e retentiva, o que pode ser útil em profissões que exigem memorização de fatos, dados ou informações complexas.

- Integridade: Autistas frequentemente valorizam a honestidade e a integridade em suas interações e relacionamentos. Isso pode resultar em uma ética de trabalho forte e confiabilidade em ambientes profissionais.

- Foco: Inúmeros autistas são altamente motivados pelo desejo de alcançar resultados tangíveis e significativos em suas atividades e projetos.

- Determinação: Autistas muitas vezes demonstram persistência e determinação em face de desafios e obstáculos, buscando soluções criativas e adaptativas para alcançar seus objetivos.

É importante reconhecer e valorizar os pontos fortes e habilidades únicas de cada pessoa autista, e criar ambientes inclusivos que permitam que elas desenvolvam todo o seu potencial. Ao destacar e apoiar os pontos fortes dos autistas, podemos promover uma cultura de aceitação, diversidade e respeito mútuo em todas as áreas da vida.

73 - Qual a importância do autista no mercado de trabalho?

A presença de pessoas autistas no local de trabalho promove a diversidade e a inclusão, enriquecendo o ambiente com uma variedade de perspectivas, habilidades e experiências, trazem consigo uma série de talentos e habilidades únicas, que podem agregar valor significativo a uma equipe ou organização. Suas perspectivas diferentes podem levar a soluções criativas e inovadoras para desafios complexos com a devida adaptação do ambiente de trabalho; muitas pessoas autistas podem ser altamente produtivas e eficazes em suas funções. Sua atenção aos detalhes, foco e capacidade de concentração profunda podem levar a um desempenho excepcional em tarefas específicas. A inclusão de pessoas autistas no local de trabalho ajuda a criar uma cultura organizacional mais inclusiva e compassiva, onde todos os funcionários são valorizados e respeitados por suas contribuições únicas; muitas organizações reconhecem a importância da responsabilidade social corporativa e estão comprometidas em promover a diversidade e a inclusão em seus locais de trabalho, incluindo a contratação e o suporte de pessoas autistas. A presença de pessoas autistas no mercado de trabalho ajuda a reduzir o estigma e o preconceito associados ao autismo, promovendo uma maior compreensão e aceitação da neurodiversidade.

O acesso ao emprego oferece às pessoas autistas a oportunidade de ganhar autonomia financeira e desenvolver habilidades profissionais que podem melhorar sua qualidade de vida e autoestima.

A inclusão de pessoas autistas no mercado de trabalho não é apenas benéfica para os indivíduos autistas, mas também para as empresas e a sociedade como um todo. Valorizar e apoiar a diversidade neurocognitiva no local de trabalho é essencial para criar ambientes profissionais mais justos, inclusivos e produtivos.

74 - Quais os direitos do autista no trabalho?

As pessoas autistas têm direitos no local de trabalho que são protegidos por leis e regulamentos destinados a garantir a igualdade de oportunidades, a acessibilidade e o tratamento justo.

Alguns dos direitos do autista no trabalho incluem:

- As pessoas autistas têm o direito de serem consideradas para oportunidades de emprego com base em suas habilidades e qualificações, sem discriminação com base no autismo (Igualdade de oportunidades).

- Os empregadores são obrigados, em muitos países, a fornecer acomodações razoáveis no local de trabalho para pessoas autistas, permitindo que elas desempenhem suas funções de maneira eficaz. Isso pode incluir ajustes no ambiente de trabalho, horários flexíveis ou a disponibilidade de recursos de apoio (Acomodações).

- As pessoas autistas têm o direito de trabalhar em um ambiente livre de discriminação, assédio ou tratamento injusto com base no autismo (Livre de discriminação).

- Os empregadores devem garantir que as informações e comunicações relacionadas ao trabalho sejam acessíveis para pessoas autistas, o que pode incluir o uso de formatos alternativos de comunicação, se necessário (Acesso à informação).

- As informações médicas e pessoais de um funcionário autista devem ser tratadas com confidencialidade e respeito à sua privacidade, conforme estipulado pelas leis de privacidade e proteção de dados (Privacidade).

- As pessoas autistas têm o direito de acessar oportunidades de treinamento, desenvolvimento profissional e avanço na carreira, em igualdade de condições com outros funcionários (Desenvolvimento profissional).

- Os autistas têm o direito de denunciar práticas discriminatórias ou injustas no local de trabalho sem medo de retaliação ou represálias (Proteção contra retaliação).

- Os empregadores têm a responsabilidade de fornecer um ambiente de trabalho seguro e saudável para todos os funcionários, incluindo medidas para acomodar necessidades específicas de saúde ou segurança relacionadas ao autismo, quando aplicável (Segurança no trabalho).

É importante que todos conheçam seus direitos no local de trabalho e saibam como acessar recursos e apoio, se necessário. Os empregadores também devem estar cientes de suas obrigações legais e éticas para garantir um ambiente de trabalho inclusivo e respeitoso para todos os funcionários.

75 - Quais são os direitos do autista na área acadêmica?

Na área acadêmica, os direitos visam garantir acesso equitativo à educação e ambientes de aprendizagem inclusivos.

Seguem alguns dos direitos do autista na área acadêmica:

- As pessoas dentro do espectro têm o direito de receber uma educação de qualidade em um ambiente inclusivo, onde suas necessidades individuais são reconhecidas e atendidas (Educação inclusiva).

- As instituições educacionais são obrigadas a fornecer acomodações razoáveis para estudantes com TEA, permitindo que eles participem plenamente das atividades acadêmicas. Isso pode incluir ajustes no ambiente de aprendizagem, acesso a tecnologias assistivas e suporte adicional, conforme necessário (Acomodações).

- O direito de acessar serviços e suportes especializados, como terapia ocupacional, fonoaudiologia, psicoterapia e outras intervenções que possam beneficiar seu desenvolvimento acadêmico e social (Apoio especializado).

- Em muitos países, estudantes autistas têm direito a um Plano de Educação Individualizado (IEP) ou um Plano de Apoio ao Estudante (504), que é um documento legal que descreve as necessidades do aluno e os serviços educacionais a serem fornecidos para atender a essas necessidades (IEP – Plano de Educação Individualizado – Plano de Apoio ao Estudante – 504).

- As instituições educacionais devem considerar as sensibilidades sensoriais das pessoas autistas ao projetar ambientes de aprendizagem, minimizando estímulos sensoriais excessivos e oferecendo opções de espaço tranquilo e acolhedor, se necessário (Necessidades sensoriais).

- As pessoas autistas têm o direito de estudar em um ambiente livre de discriminação, bullying e assédio, e as instituições educacionais têm a responsabilidade de tomar medidas para prevenir e abordar tais comportamentos (Bullying).

- As instituições devem fornecer oportunidades para o desenvolvimento social e emocional das pessoas autistas, incluindo programas de apoio, grupos de amizade e atividades extracurriculares que promovam a inclusão e o engajamento (Apoio social e emocional).

- As informações médicas e pessoais de estudantes com TEA devem ser tratadas com confidencialidade e respeito à sua privacidade, de acordo com as leis de proteção de dados e privacidade (Confidencialidade).

As instituições educacionais têm por obrigação reconhecer e respeitar os direitos das pessoas dentro do espectro autista (TEA) e trabalhem para criar ambientes de aprendizagem inclusivos e acessíveis para todos os alunos.

Isso não apenas beneficia os alunos autistas, mas contribui para uma comunidade acadêmica mais diversificada, empática e resiliente.

76 - Existe isenção para autistas na compra de veículo novo?

Pessoas dentro do espectro autista podem obter a isenção de IPI, para um único carro, a cada três anos.

77 - É possível isenção de IPVA para autistas?

Existe sim, a isenção de IPVA no estado de São Paulo é possível desde que esteja enquadrada nas seguintes regras:

- O veículo precisa estar no nome da pessoa com TEA, independentemente da idade;
- O direito é para apenas 01 (um) veículo por pessoa com autismo;
- Não precisa ser somente carro novo, desde que cumpra as exigências de valores de mercado;
- Necessário laudo médico (não pode ser médico particular), psicólogo (não pode ser psicólogo particular), clínica credenciada do Detran;
- A solicitação é feita totalmente online pelo sistema SIVEI.

78 - Existe desconto na conta de luz para autistas?

O Programa Energia Azul é uma iniciativa governamental que visa proporcionar descontos ou isenções na conta de energia elétrica para famílias que têm pessoas com TEA. Significa um alívio financeiro para as famílias que já enfrentam grandes despesas com o tratamento do autista; ao mesmo tempo essa medida contribui para a inclusão social, permitindo que vivam em ambientes confortáveis e adequados.

Seguem as regras para garantir o benefício:

- Estar escrito no Cadúnico;
- Ter renda familiar de até três salários-mínimos;
- Ter pessoa com a deficiência residindo no imóvel;
- Realizar terapias, atividades para o desenvolvimento em casa atestada e receitada por médico, cujo laudo deve ser anexado.

79 - Como funciona a liberação do PIS/PASEP para autistas?

Trabalhador cadastrado no PIS/PASEP antes de 1988 que tenha TEA ou que tenha um dependente TEA poderá sacar as quotas do PIS/PASEP.

80 - Como funciona o imposto de renda para as pessoas dentro do espectro autista?

Na ficha de identificação, em "dados do contribuinte", existe um campo para selecionar se existe alguma pessoa com deficiência que faz parte da declaração, desde que ele seja seu dependente, ou o próprio declarante. A declaração entrará na "fila preferencial" das restituições e o declarante receberá antes dos outros contribuintes.

Pode ser abatido no IRPF:

- Despesas médicas, fonoaudiólogas, dentista, psicólogo, terapia ocupacional, fisioterapeuta, plano de saúde. Laboratórios, clínicas diversas, aparelhos ortopédicos, próteses ortopédicas, internações que utilizem remédios, fraldas, cuidadores, enfermeiras, desde que estejam relacionados em Nota Fiscal do estabelecimento de saúde onde houve a internação, educação, escola especial, pensão paga (código 30), pensão recebida deve ser lançada em Rendimento Tributável Recebido de Pessoa Física.

O que não pode ser abatido:

- Cursos livres de línguas, música, esporte, academia;
- Enfermeiros, cuidadores, remédios, fraldas de uso diário sem ser por internação.

81 - Existe desconto na passagem aérea para autistas?

- A pessoa dentro do espectro autista que precisar de um acompanhante durante o voo tem direito a 80% de desconto na passagem aérea somente do acompanhante. É necessário o preenchimento de um formulário médico (particular ou SUS), o formulário MEDIF ou FREEMEC (válido por 01 ano na mesma companhia aérea. Estes formulários são fornecidos pela própria companhia aérea.
- Este direito é previsto nos artigos 27 e 28 da Resolução 280 de 11/07/2013 da ANAC.

82 - Como funciona o alistamento militar para as pessoas dentro do espectro autista?

Todo cidadão brasileiro, inclusive as pessoas com autismo, precisam fazer o alistamento militar obrigatório, o não alistamento pode gerar problemas para emissão de passaportes, matrícula escolar, concurso público, emissão de carteira de trabalho, receber BPC/LOAS, etc.

O alistamento é totalmente online, e a pessoa com TEA pode selecionar "problemas de saúde". Será necessário preencher o Requerimento de Solicitação de Isenção do Serviço Militar que será assinado pela pessoa com autismo ou seu responsável legal e apresentar um Atestado Médico de Notoriamente Incapaz para as atividades militares.

83 - Como funciona o título de eleitor para o autista?

Todo brasileiro acima de 18 anos precisa tirar o título de eleitor, independentemente do autismo.

Caso a pessoa com autismo não tenha como comparecer ao cartório eleitoral para efetivar seu cadastro, o responsável legal deverá fazer um laudo médico comprovando que ele não pode comparecer.

É possível adiantar o cadastramento pelo site do TSE (Tribunal Superior Eleitoral).

84 - Como funcionam as meia-entrada e a fila preferencial para autista?

A pessoa com autismo e seu acompanhante que faça assistência pessoal têm direito à meia-entrada. Todos temos o direito ao lazer, diversão, conhecer lugares sem discriminação.

A meia-entrada serve para cinemas, museus, parques temáticos, jogos esportivos e qualquer atividade cultural, artística e esportiva.

85 - Como funciona a vaga especial de estacionamento para autistas?

A pessoa com autismo é considerada uma pessoa com deficiência para todos os efeitos legais, tendo, portanto, o direito de utilizar a vaga especial de estacionamento.

É importante salientar que estacionar em vaga especial é permitido somente para pessoas que possuem o cartão de estacionamento DeFis (Capítulo X, artigo 47 da Lei Federal 13146/15 – Estatuto da Pessoa com Deficiência; Lei Federal 13281 de 04/05/2016, art 24, inciso VI, que altera a Lei Federal 9.503 de 23/09/97 (Código de Trânsito Brasileiro); Lei 12.764 e Portarias DSV.

GAB 66/17 e DSV.GAB 64/19) e quando a pessoa com deficiência estiver no veículo, caso contrário não é permitido o uso.

86 - Como funciona a liberação de rodízio para autistas?

Existe um formulário padrão no site da prefeitura de São Paulo e precisa ser assinado por um médico, pode ser particular ou do SUS (Serviço Único de Saúde), fica a critério do requerente.

Autorização para trafegar todos os dias sem restrição do final da placa do veículo no Município de São Paulo e em outros que também adotam o rodízio. Não é necessário que o veículo esteja em nome da pessoa com autismo.

87 - Como funciona o transporte municipal para as pessoas dentro do espectro autista?

Bilhete Único é o cartão utilizado no Sistema de Transporte Coletivo Público de Passageiros na Cidade de São Paulo, destinado às pessoas indicadas na Lei nr. 11.250 de 01/10/1992, conforme os critérios estabelecidos nas Portarias SMT/SMS 003/19 e SMT 050/19.

88 - Como funciona o transporte interestadual para as pessoas dentro do espectro autista?

Passe Livre é o cartão utilizado nas viagens interestaduais de ônibus, barco ou trem.

As pessoas com TEA têm direito ao Passe Livre, ou seja, o transporte gratuito interestadual.

O pedido pode ser realizado pelo site do próprio Passe Livre. O formulário médico precisa ser no modelo que esteja disponível no site e assinado por dois médicos do SUS (Serviço Único de Saúde), sendo um deles especialista no autismo. Para quem recebe o BPC – Benefício de Prestação Continuada, não será necessário enviar o formulário médico.

89 - Como funcionara o CENSO em relação ao autismo?

A nova regra, instituída pela Lei nº13.861 de 2019 e publicada na edição de 19/07/2019 do Diário Oficial da União (DOU), estabelece a inclusão de perguntas sobre o Autismo no censo e contribuirá para determinar quantas pessoas dentro do espectro vivem no Brasil e, através destes dados, será possível direcionar as políticas públicas de forma mais adequada para que os recursos sejam corretamente aplicados em prol de quem tem autismo.

90 - Como funciona o fornecimento de medicação para autistas?

A pessoa com autismo e outras deficiências poderá recorrer ao Posto de

Saúde mais próximo de sua residência ou procurar atendimento nas Secretarias Especializadas ou programas do Governo.

91 - Como funciona o saque do FGTS para o autista?

Embora não conste da Lei que regulamenta o Fundo de Garantia por Tempo de Serviço, o saque pode sim ser requerido quando o trabalhador ou seu dependente possuir o diagnóstico de Transtorno do Espectro do Autismo. No entanto, o procedimento para liberação varia de acordo com o nível de suporte.

Para autistas Nível de Suporte 3 – o direito ao saque já foi reconhecido em Ação Civil Pública e deve ser concedido administrativamente, ou seja, através de procedimento da própria instituição financeira. Deve-se entrar no aplicativo do FGTS e solicitar a liberação juntamente com os documentos necessários solicitados.

Para autistas Nível de Suporte 1 e 2 é praticamente impossível obter a concessão administrativa, na maioria das vezes será necessário ingressar com uma Ação Judicial.

92 - Como funcionam os direitos previdenciários para os autistas?

Esse benefício é concedido ao cidadão que comprove o tempo de contribuição necessário, conforme o seu grau de deficiência. Deste período, no mínimo 180 meses devem ter sido trabalhados na condição de pessoa com deficiência.

Pessoa com deficiência é aquela que tem impedimentos de longo prazo, de natureza física, mental, intelectual ou sensorial, os quais, em interação com diversas barreiras, impossibilitam sua participação plena e efetiva na sociedade em igualdade de condições com as demais pessoas, de acordo com a Lei Complementar nº 142, de 2013.

93 - Como funciona o amparo assistencial – BPC/LOAS?

O LOAS ou Benefício de Prestação Continuada – BPC é um benefício previdenciário que paga um salário-mínimo mensal, sem 13º salário, para idosos com idade acima de 65 anos e para pessoas com deficiência de baixa renda.

A pessoa com autismo, como é considerada pessoa com deficiência para todos os efeitos legais, pode ter direito a este benefício.

Para ter direito ao Benefício Assistencial é necessário comprovar o autismo, por meio de relatório médico e perícia médica do próprio INSS e a condição de renda mensal per capita é inferior a 1/4 do salário-mínimo vigente.

94 - Pais de autistas têm redução de carga de horário de trabalho?

Os funcionários públicos que tiverem um filho ou um dependente com transtorno do espectro do autismo (TEA) poderão requerer a redução de sua jornada de trabalho, garantida pela Lei nº. 13.370/16

95 - Quais os direitos do autista socialmente e no seu tratamento?

Os direitos sociais e no tratamento das pessoas autistas são fundamentais para garantir sua dignidade, bem-estar e inclusão na sociedade. Aqui estão alguns dos direitos do autista socialmente e em relação ao seu tratamento:

DIREITOS SOCIAIS

As pessoas autistas têm o direito de serem tratadas com igualdade e dignidade, sem discriminação com base no autismo, acesso a serviços e recursos que promovam sua inclusão e participação na comunidade, incluindo educação, emprego, moradia, cuidados de saúde e lazer, participar ativamente da tomada de decisões que afetam suas vidas, incluindo questões relacionadas à saúde, educação, emprego e autonomia pessoal, o direito de receber apoio para viver de forma independente e autônoma, com acesso a serviços de apoio domiciliar, treinamento em habilidades de vida diária e assistência tecnológica, conforme necessário. As pessoas autistas têm o direito de viverem livres de abuso, exploração e maus-tratos, e têm o direito de acesso a sistemas de proteção e apoio em caso de violações de seus direitos.

DIREITOS NO TRATAMENTO

As pessoas autistas têm o direito de acesso a intervenções e tratamentos baseados em evidências científicas que sejam eficazes, éticos e respeitem sua dignidade e autonomia, receber informações claras e compreensíveis sobre seu tratamento, incluindo os benefícios, riscos e alternativas disponíveis, e têm o direito de consentir ou recusar o tratamento, quando apropriado, serem tratadas como indivíduos únicos, com respeito à sua autonomia, preferências e valores pessoais, durante o processo de tratamento, apoio multidisciplinar e holístico em seu tratamento, que aborde suas necessidades médicas, emocionais, sociais e comportamentais de maneira integrada e colaborativa, direito de receber acomodações e adaptações razoáveis em seu tratamento, que levem em

> consideração suas necessidades sensoriais, cognitivas e comunicativas. As informações médicas e pessoais das pessoas autistas devem ser tratadas com confidencialidade e respeito à sua privacidade, de acordo com as leis de proteção de dados e privacidade. É fundamental que os direitos sociais e no tratamento das pessoas autistas sejam reconhecidos, respeitados e protegidos em todos os aspectos de suas vidas, promovendo sua inclusão, dignidade e qualidade de vida.

96 - Quais benefícios os autistas têm pela lei?

Os benefícios pela lei podem variar dependendo do país e das políticas específicas de apoio à saúde e bem-estar das pessoas com autismo. No entanto, em muitos lugares, existem algumas formas de suporte e benefícios disponíveis para pessoas dentro do espectro e suas famílias.

Conheça alguns dos benefícios que podem estar disponíveis:

- Em alguns países, as pessoas autistas podem ser elegíveis para benefícios de seguridade social, como auxílio-doença, aposentadoria por invalidez ou suplemento de renda para pessoas com deficiência.

- Muitos sistemas de saúde oferecem cobertura médica para tratamentos e terapias relacionados ao autismo, como terapia comportamental, terapia ocupacional, terapia da fala e serviços de saúde mental (Cuidados médicos).

- As leis de educação especial em muitos países garantem que as crianças autistas tenham acesso a serviços educacionais e apoios adequados, incluindo avaliações educacionais, planos de educação individualizados (IEPs) e suporte para inclusão em salas de aula regulares (Educação especializada).

- Em muitos lugares, as pessoas autistas têm direito a acomodações razoáveis no local de trabalho, conforme estipulado pelas leis de proteção dos direitos dos trabalhadores com deficiência (Apoio no trabalho).

- Alguns programas de apoio familiar oferecem serviços de respiro, assistência e recursos para famílias de pessoas autistas, para ajudá-las a lidar com as demandas físicas, emocionais e financeiras associadas ao cuidado de um membro da família com autismo (Apoio familiar).

- Existem programas e subsídios disponíveis para ajudar pessoas autistas a acessarem moradias acessíveis e adequadas às suas necessidades individuais (Assistência habitacional).

- Serviços de transporte adaptado e subsídios para pessoas com deficiência, incluindo autistas, são oferecidos para facilitar a mobilidade e o acesso à comunidade (Mobilidade).

Ressalto que é necessário verificar as leis e políticas específicas em sua região para entender quais benefícios e apoios estão disponíveis para pessoas autistas e suas famílias. Muitas vezes, organizações locais de autismo, agências governamentais e grupos de apoio podem fornecer informações e orientações sobre como acessar esses benefícios e serviços.

97 - Quais perguntas realizar durante uma entrevista de emprego para um futuro colaborador autista?

Realizar uma entrevista com um candidato autista pode exigir algumas adaptações para garantir que o processo seja inclusivo e acessível.

A seguir, algumas sugestões de perguntas que podem ser úteis durante uma entrevista:

- Fale-me sobre sua experiência anterior relacionada a este cargo.

- Quais são suas habilidades técnicas e como você as aplica em seu trabalho?

- Você pode compartilhar um projeto desafiador que você enfrentou e como o resolveu?

- Como você trabalha em equipe? Pode me dar um exemplo de colaboração bem-sucedida em um projeto anterior?

- Como você organiza seu trabalho e prioriza tarefas?

- Como você lida com prazos ou situações de alta pressão?

- Como você aborda problemas complexos no trabalho?

- Pode me dar um exemplo de uma situação em que você teve que pensar de uma forma diferente para resolver um problema?

- Como você prefere se comunicar no trabalho? Por e-mail, telefone, pessoalmente?

- Como você garante que todos na equipe estejam alinhados e trabalhando juntos para atingir objetivos comuns?

- Como você reage a mudanças inesperadas ou imprevistas no ambiente de trabalho?
- Você pode me dar um exemplo de uma situação em que precisou se adaptar rapidamente a uma mudança?
- O que o(a) fez querer esta posição?
- Quais são seus principais interesses profissionais e como você gostaria de desenvolvê-los nesta função?
- Que tipo de ambiente de trabalho você prefere?
- Quais são as características de uma equipe ou cultura organizacional que o ajudariam a prosperar?

Adapte as perguntas conforme necessário para atender às necessidades e preferências individuais do candidato autista respeitando o nível de suporte, comorbidades como ansiedade, vaga aplicada, mantendo o foco nas habilidades, experiências e competências relevantes para a função. Além disso, oferecer tempo suficiente para que o candidato processe e responda às perguntas pode ser útil para garantir uma entrevista justa e inclusiva, seja claro e objetivo nas perguntas, descreva a hierarquia da empresa ou setor, expectativas do trabalho referente à vaga, explique as regras e etiquetas não escritas no local de trabalho, evite metáforas e perguntas longas, assim facilitará a entrevista para ambos os lados (entrevistado/entrevistador).

98 - Por que os autistas têm dificuldade de contato visual?

As dificuldades de contato visual são comuns entre algumas pessoas autistas e podem ser atribuídas a uma combinação de fatores relacionados à neurodiversidade e processamento sensorial.

Seguem algumas razões que causam a dificuldade com o contato visual:

- Alguns autistas são hipersensíveis a estímulos sensoriais, incluindo o contato visual. Para alguns, o contato visual pode ser avassalador e desconfortável, causando ansiedade, sobrecarga sensorial ou até mesmo dor física (Sensibilidade visual).
- O processamento visual pode ser diferente em pessoas autistas. Elas muitas vezes se concentram mais em detalhes ou em estímulos visuais específicos, em vez de em rostos ou olhos, tornando o contato visual menos natural ou intuitivo (Processamento visual diferente).
- O contato visual desempenha um papel importante na comunicação

não verbal e na interação social. Para algumas pessoas autistas, entender e interpretar sinais sociais sutis, como contato visual, pode ser desafiador, o que leva a evitar o contato visual como uma forma de não sentir desconforto ou confusão (Dificuldades de processamento social).

- Pesquisas sugerem que as diferenças neurológicas no cérebro do autista podem afetar a forma como ele processa informações visuais e sociais, incluindo o contato visual (Diferenças neurológicas).

- Assim como pessoas neurotípicas, autistas têm preferências individuais e únicas em relação ao contato visual. Algumas pode se sentir mais confortáveis com o contato visual do que outras, e suas preferências podem variar dependendo do contexto social e emocional (Preferências).

Nem todas as pessoas com autismo têm dificuldades com o contato visual, e as experiências individuais podem variar significativamente, lembrando que cada pessoa dentro do espectro é singular e precisa ser entendida e respeitada. Além disso, muitas pessoas autistas podem aprender estratégias para lidar com o contato visual e desenvolver habilidades sociais ao longo do tempo, com o apoio e a compreensão adequados.

99 - O que são estereotipias? Para que servem?

As estereotipias são comportamentos repetitivos, padronizados e aparentemente sem propósito que são observados em muitas pessoas no espectro do autismo, bem como em outras condições neurológicas e de desenvolvimento mental. Esses comportamentos podem incluir movimentos corporais repetitivos, como balançar as mãos, bater a cabeça, girar, torcer os dedos, entre outros, ou vocalizações repetitivas, como grunhidos, sons repetitivos, ou mesmo repetições de palavras ou frases.

As estereotipias não são exclusivas do autismo e podem ocorrer em uma variedade de contextos e condições, incluindo transtornos do desenvolvimento, transtornos neurológicos e condições psiquiátricas.

Quanto ao propósito das estereotipias, as razões por trás desses comportamentos repetitivos podem variar de pessoa para pessoa e situação para situação.

Seguem algumas funções:

- As estereotipias podem servir como uma forma de autorregulação ou autoestimulação. Elas podem ajudar a pessoa a lidar com o estresse, a ansiedade ou a sobrecarga sensorial, proporcionando uma saída para a energia acumulada ou um meio de se acalmar em situações desafiadoras (autorregulação), também podem ser uma forma de expressar emoções intensas ou sensações físicas. Por exemplo, algumas pessoas podem balançar as mãos ou bater a cabeça como uma forma de expressar frustração, excitação ou desconforto (expressão de emoções).

- Para algumas pessoas, as estereotipias podem ser uma forma de explorar e entender o ambiente ao seu redor. Elas podem estar interessadas em sentir texturas, movimentos ou sensações físicas específicas que as estereotipias proporcionam (exploração sensorial), também podem ser uma resposta a estímulos sensoriais específicos. Por exemplo, uma pessoa pode balançar as mãos em resposta a luzes piscando ou a ruídos altos (resposta a estímulos sensoriais).

- Em alguns casos, as estereotipias podem se desenvolver como um hábito ou comportamento condicionado ao longo do tempo, sem uma função específica identificável (hábito).

Lembre-se de abordar as estereotipias com compreensão e respeito, reconhecendo que elas podem desempenhar uma função importante para a pessoa que as realiza. No entanto, se as estereotipias estiverem interferindo no funcionamento diário da pessoa ou causando desconforto significativo, pode ser útil procurar suporte de profissionais de saúde para explorar estratégias de manejo e intervenção adequadas para uma melhor qualidade de vida.

100 - Onde devo procurar informações confiáveis sobre o tema autismo?

Existem várias fontes confiáveis de informações sobre autismo que podem ajudar você, leitor, a aumentar seus conhecimentos e entender melhor como lidar com pessoas no espectro do autismo.

A seguir, algumas sugestões de onde você encontra informações confiáveis:

- Organizações dedicadas ao autismo, como a Autism Speaks, Autistic Self Advocacy Network (ASAN), National Autistic Society (NAS) e Autism Society, fornecem uma variedade de recursos, artigos, guias e informações confiáveis sobre autismo.

- Sites de instituições de pesquisa e universidades renomadas frequentemente oferecem informações atualizadas sobre autismo, incluindo descobertas recentes, estudos clínicos, publicações acadêmicas e recursos educacionais.

- Agências governamentais de saúde, como os Centros de Controle e Prevenção de Doenças (CDC) nos Estados Unidos, o Instituto Nacional de Saúde (NIH) e o National Institute of Mental Health (NIMH), geralmente têm seções dedicadas ao autismo em seus sites, com informações baseadas em evidências e recursos úteis.

- Existem muitos livros escritos por especialistas em autismo, pais, cuidadores e pessoas autistas que podem oferecer *insights* valiosos sobre o autismo e estratégias eficazes para lidar com questões relacionadas. Alguns exemplos incluem "Neurotribes", de Steve Silberman, e "The Autistic Brain", de Temple Grandin.

- Profissionais de saúde, como psicólogos, terapeutas ocupacionais, fonoaudiólogos e educadores especializados em autismo podem fornecer orientações e recomendações personalizadas com base nas necessidades específicas da pessoa autista.

- Participar de conferências, workshops e eventos sobre autismo é uma excelente maneira de obter informações atualizadas, conhecer especialistas e compartilhar experiências com outras pessoas envolvidas na comunidade do autismo.

- Grupos de apoio locais, fóruns online e redes sociais voltadas para o autismo podem ser fontes valiosas de suporte, informações e orientação prática de pessoas que têm experiência pessoal com o autismo.

Ao buscar informações, lembre-se de verificar a credibilidade das fontes baseadas em evidências, evitando mitos e estereótipos comuns sobre o autismo. Ao compreender você pode contribuir para criar ambientes mais inclusivos e solidários.

101 - Quando realizar um ato errado com um autista como posso me desculpar?

Quando você realiza um ato errado com uma pessoa autista, assim como em qualquer situação em que seja necessário se desculpar, é importante abordar a situação com empatia, sinceridade e respeito.

Veja algumas sugestões de como se desculpar:

- Identifique e reconheça o que você fez de errado. Seja específico e claro sobre o que você fez que magoou ou incomodou, seja sincero, use palavras simples e diretas para expressar o seu arrependimento.

- Assuma a responsabilidade pelo seu comportamento e pelas consequências de suas ações. Evite justificar ou minimizar o erro e demonstre empatia.

- Se houver algo que você possa fazer para remediar a situação ou compensar o erro, ofereça uma solução ou uma maneira de fazer as pazes. Respeite o tempo da pessoa autista para aceitar suas desculpas e permitir a reconciliação.

- Comprometa-se a agir de maneira diferente no futuro e a evitar repetir o mesmo comportamento prejudicial, aprendendo e trabalhando em conjunto para resolver conflitos de maneira construtiva.

Pedir desculpas é um processo importante para reparar relacionamentos e demonstrar respeito e consideração pelos outros. Nunca se esqueça disso, seja com a pessoa típica ou atípica.

102 - Todo autista tem apoio familiar?

Não, infelizmente nem todo autista tem apoio familiar. O apoio pode variar significativamente de uma pessoa para outra, dependendo de uma série de fatores, incluindo dinâmicas familiares, recursos financeiros, disponibilidade de serviços de apoio, compreensão sobre o autismo e outros elementos.

Algumas pessoas com TEA contam com um forte sistema de apoio familiar, com membros da família que estão envolvidos, compreensivos e dispostos a ajudar em suas necessidades. Esse apoio pode incluir assistência prática, emocional e financeira, acesso a terapias e serviços, e um ambiente familiar que valoriza e respeita suas necessidades e características individuais.

No entanto, alguns autistas enfrentam desafios devido à falta de apoio familiar e podem depender de outras fontes de apoio, como amigos, educadores, profissionais de saúde, grupos de apoio da comunidade ou organizações dedicadas ao autismo, para obter assistência e compreensão. Isso pode resultar de uma variedade de circunstâncias, incluindo famílias com recursos limitados, falta de compreensão sobre o autismo, estigma social em relação ao autismo, ou simplesmente devido a dinâmicas familiares disfuncionais ou conflituosas.

103 - É fácil um autista conseguir um emprego?

A facilidade com que uma pessoa autista consegue um emprego varia dependendo de uma série de fatores, incluindo suas habilidades, experiências, interesses, o ambiente de trabalho e a disposição do empregador em oferecer oportunidades inclusivas.

Encontrar um emprego pode ser desafiador devido a estigmas, preconceitos ou falta de compreensão sobre o autismo por parte dos empregadores. Além disso, algumas características associadas ao autismo, como dificuldades de comunicação social, sensibilidades sensoriais e padrões de comportamento repetitivos, podem ser mal compreendidas ou interpretadas erroneamente no local de trabalho.

Para aumentar as chances de sucesso no mercado de trabalho, as pessoas autistas podem se beneficiar de:

- Identificar suas habilidades e pontos fortes e comunicá-los de forma clara e eficaz para potenciais empregadores.

- Pesquisar por empregadores que tenham políticas de contratação inclusivas e que valorizem a diversidade no local de trabalho.

- Trabalhar no desenvolvimento de habilidades profissionais e sociais que são importantes para o sucesso no mercado de trabalho, como comunicação eficaz, trabalho em equipe e resolução de problemas.

- Buscar programas de emprego apoiado, agências de colocação, organizações de autismo e outros recursos disponíveis para ajudar na busca por emprego e na transição para o mercado de trabalho.

A conscientização, a compreensão e o apoio por parte dos empregadores e colegas de trabalho desempenham um papel fundamental na criação de ambientes de trabalho inclusivos e acessíveis para todas as pessoas, incluindo aquelas no espectro do autismo.

104 - A carga horária de trabalho ou estudo é a mesma de uma pessoa que não tem autismo?

A carga horária de trabalho ou estudo para uma pessoa autista pode ser a mesma que a de uma pessoa que não tem autismo, mas isso pode variar de acordo com as necessidades individuais, capacidades e preferências da pessoa autista, assim como acontece com qualquer indivíduo. Algumas pessoas autistas podem preferir e se beneficiar de uma carga horária de trabalho ou estudo semelhante à de pessoas não autistas, e podem ser capazes de lidar com as mesmas exigências e expectativas em termos de horário e tempo de dedicação.

Para outras pessoas autistas, pode ser necessário fazer ajustes na carga horária de trabalho ou estudo para acomodar suas necessidades específicas relacionadas ao autismo.

Isso pode incluir:

- Horários flexíveis

- Redução de carga horária

- Acomodações no ambiente de trabalho ou estudo

- Apoio adicional

O importante é garantir que a pessoa autista tenha oportunidades iguais de participar da sociedade e alcançar seu potencial, adaptando o ambiente e as expectativas para atender às suas necessidades e capacidades.

105 - Por que o autista prefere ficar sozinho?

As preferências individuais em relação ao tempo em que fica sozinha podem variar significativamente de uma pessoa para outra e podem ser influenciadas por uma variedade de fatores:

- Sensibilidades sensoriais aumentadas, o que significa que podem se sentir facilmente sobrecarregadas por estímulos sensoriais como luzes brilhantes, sons altos ou multidões e passar tempo sozinho em um ambiente calmo pode ser uma maneira de evitar essa sobrecarga sensorial.

- Interações sociais podem ser mentalmente e emocionalmente exigentes. E ter um momento sozinho pode ser uma maneira de recarregar energias e recuperar o equilíbrio emocional depois de interações sociais intensas.

- Interesses e hobbies envolvem práticas solitárias, como ler, escrever, desenhar, programar computadores ou explorar interesses específicos. Essas atividades podem ser mais prazerosas e gratificantes quando realizadas de forma independente.

- Processar informações e experiências internamente, antes de compartilhá-las com outras pessoas, às vezes requer um tempo sozinho, o que pode proporcionar um ambiente tranquilo e livre de distrações para refletir e organizar pensamentos.

- Interações sociais podem ser desafiadoras devido a dificuldades na comunicação, compreensão de pistas sociais e navegação de dinâmicas sociais complexas. Como resultado, elas podem preferir evitar situações sociais desconfortáveis e passar um tempo sozinhas.

A preferência por permanecer um tempo sozinhas não é exclusiva de pessoas autistas e pode ser uma característica de personalidade comum a muitas pessoas, independentemente do neurodiversidade. E quem não gosta ou precisar de ter o seu momento reflexivo e de autorregulação? Que saibamos respeitar os momentos de cada pessoa, sendo atípica ou típica.

106 - Como os animais podem auxiliar um autista?

Os animais podem desempenhar vários papéis importantes no auxílio a pessoas autistas.

Conheça alguns benefícios:

Animais de estimação, como cães e gatos, podem oferecer companhia e conforto especialmente durante momentos de estresse ou ansiedade, proporcionando sensação de segurança e apoio emocional. A simples presença de um animal de estimação ou o ato de acariciá-lo pode ter efeitos calmantes e terapêuticos, oferecendo um estímulo sensorial tátil e auditivo.

A responsabilidade de cuidar de um animal de estimação pode ajudar na organização e habilidades de gerenciamento de rotina para pessoas autistas. Ter uma rotina consistente de alimentação, passeios e cuidados com um animal pode ser reconfortante e estruturante.

Interagir com um animal pode ser menos intimidante do que interagir com outros humanos, proporcionando uma oportunidade para praticar habilidades sociais e desenvolver conexões emocionais.

É interessante entender e avaliar individualmente cada pessoa dentro do espectro que terá contato com o pet para saber se terá benefício, o que pode não acontecer com todos os autistas por questões de sensibilidades ou preocupações específicas relacionadas a animais. Portanto, é importante avaliar individualmente as necessidades e preferências de cada pessoa autista ao considerar o papel dos animais em seu apoio e bem-estar.

107 - Por que autistas costumam imitar falas ou músicas?

A imitação de falas ou músicas é um comportamento que pode ser observado em algumas pessoas autistas e tem várias explicações possíveis:

- A ecolalia é um fenômeno comum em muitas pessoas autistas e pode servir como uma forma de processar e internalizar informações auditivas, praticar habilidades linguísticas ou se comunicar.

- A memorização de sequências é uma habilidade excepcional que auxilia a sentir conforto e segurança ao reproduzir familiaridades auditivas e podem se envolver nesse comportamento como uma forma de autorregulação ou expressão criativa.

- Autistas muitas vezes desenvolvem interesses específicos e intensos em determinados tópicos, incluindo música, programas de TV, filmes ou jogos de vídeo, imitar falas ou músicas pode ser uma forma de comunicação, expressão de emoções, desejos, pensamentos que de outra forma seriam difíceis de transmitir verbalmente, expressão de criatividade, uma estratégia de autorregulação ou simplesmente uma manifestação de interesses e habilidades únicas. A compreensão e aceitação dessas manifestações são importantes para apoiar e promover a inclusão e o bem-estar das pessoas autistas.

108 - Como a negação pode prejudicar uma pessoa com o suposto diagnóstico de autismo?

Se uma pessoa não aceita ou reconhece seu diagnóstico de autismo, ela pode perder acesso a serviços e suportes especializados que poderiam auxiliar o desenvolvimento das habilidades e déficits da melhor maneira possível e que são projetados para atender às necessidades específicas, incluindo terapias comportamentais, intervenções educacionais, suporte emocional e outras formas de assistência. A negação também pode dificultar a compreensão e a aceitação pessoal sobre suas próprias experiências, dificuldades, estresse emocional, identidade, levando a sentimentos de confusão, isolamento, baixa autoestima e falta de apoio emocional, por isso a aceitação ajuda a capacitar a desenvolver estratégias eficazes de autocuidado e autogestão, incluindo o reconhecimento e a gestão de desafios relacionados ao autismo, como sensibilidades sensoriais, dificuldades de comunicação e estresse emocional. O planejamento de vida pode mudar para melhor quando há tratamento precoce com metas realistas a curto e longo prazo. Com o não entendimento claro de suas próprias necessidades, capacidades e desafios, o autista pode ter dificuldade em tomar decisões informadas sobre educação, carreira, relacionamentos e outros aspectos importantes da vida, causando um impacto significativo no bem-estar, no desenvolvimento pessoal e nas relações interpessoais de uma pessoa. É importante que indivíduos e suas famílias busquem apoio e orientação de profissionais de saúde especializados para compreender e aceitar o diagnóstico de autismo, e para acessar os serviços e suportes necessários para uma vida saudável e significativa.

109 - Como a tecnologia pode ajudar uma pessoa dentro do espectro?

A tecnologia pode desempenhar um papel fundamental no apoio às pessoas dentro do espectro do autismo em várias áreas da vida.

Seguem algumas maneiras pelas quais a tecnologia pode ajudar:

Para dificuldades de fala ou comunicação verbal, aplicativos e dispositivos de CAA (comunicação aumentativa e alternativa) podem ser essenciais. Essas ferramentas permitem que indivíduos expressem suas necessidades, desejos e pensamentos de forma não verbal, usando imagens, símbolos, texto ou voz sintetizada.

Existem aplicativos simples e bem elaborados e programas de computador projetados para ensinar habilidades sociais, como reconhecimento de expressões faciais, linguagem corporal, tom de voz e conversação. Essas ferramentas podem ajudar as pessoas dentro do espectro a entender e praticar interações sociais de maneira controlada e estruturada utilizando este aplicativo de habilidades sociais, além de outros aplicativos que facilitam a organização, planejamento e gerenciamento de rotinas que para muitos é simples, mas para os autistas existem dificuldades diárias quanto a tarefas, compromissos e prazos. Isso pode incluir calendários digitais, listas de tarefas, lembretes e alarmes configuráveis. Podemos mencionar as tecnologias educacionais, como softwares interativos, jogos educativos e plataformas de e-learning, que podem ser adaptadas para atender às necessidades de aprendizagem de pessoas autistas. Essas ferramentas podem fornecer instrução individualizada, feedback imediato e recursos visuais que facilitam a compreensão e retenção de informações.

Algumas pessoas autistas têm sensibilidades sensoriais únicas e podem ser facilmente perturbadas por estímulos visuais, sonoros ou táteis. Fones de ouvido com cancelamento de ruído, aplicativos de terapia sensorial, iluminação ajustável e outras tecnologias ajudam a criar ambientes mais confortáveis e controlados.

Aplicativos e dispositivos de assistência podem ajudar pessoas autistas a desenvolver habilidades de vida independente, como gerenciamento financeiro, transporte público, habilidades domésticas e navegação em ambientes desconhecidos; outros aplicativos interessantes são os de mindfulness, meditação guiada, diários digitais e plataformas de suporte online para ajudar pessoas autistas a gerenciar o estresse, a ansiedade e as emoções. Essas ferramentas podem oferecer técnicas de relaxamento, estratégias de coping e uma comunidade de apoio.

Em resumo, a tecnologia pode ser uma ferramenta poderosa promovendo qualidade de vida de pessoas dentro do espectro do autismo, fornecendo suporte em áreas como comunicação, habilidades sociais, educação, organização, sensibilidades sensoriais e bem-estar emocional.

110 - Como perceber que alguma atitude, ambiente está deixando um autista desconfortável?

Quando perceber que uma atitude ou ambiente está deixando um autista desconfortável pode-se exigir sensibilidade e atenção aos sinais verbais e não verbais que a pessoa está emitindo.

A seguir indico algumas situações que podem indicar um desconforto ou situação desconfortante:

- Preste atenção às expressões faciais e à linguagem corporal da pessoa. Ela pode franzir a testa, cerrar os punhos, tremer, se afastar ou evitar o contato visual.

- Em situações estressantes ou desconfortáveis, uma pessoa autista pode se envolver em comportamentos repetitivos, como bater as mãos, balançar para frente e para trás, entre outros.

- Um autista pode demonstrar um aumento na sensibilidade sensorial em ambientes desafiadores, como cobrir os ouvidos em resposta a ruídos altos, fechar os olhos em ambientes muito brilhantes ou evitar tocar em certas texturas.

- A pessoa pode expressar verbalmente ou de outras formas que está se sentindo desconfortável. Isso pode incluir frases como "Isso está muito barulhento", "Estou me sentindo sobrecarregado" ou simplesmente indicar um desejo de sair da situação.

- Padrões de comportamento e as preferências da pessoa autista ajudam a identificar quando algo está causando desconforto. Mudanças significativas no comportamento habitual podem indicar uma situação problemática.

- Alguns autistas podem ser capazes de expressar diretamente o que os está deixando desconfortáveis, especialmente se tiverem desenvolvido habilidades de comunicação verbal.

Lembre-se: crie um ambiente de confiança e apoio, onde a pessoa dentro do espectro se sinta segura para compartilhar seus sentimentos e preocupação, se mantenha aberto e receptivo para apoiá-la em situações desafiadoras.

111 - Como fazer com que o autista se sinta compreendido e apoiado?

É extremamente importante que a pessoa dentro do espectro se sinta compreendida e apoiada através de uma abordagem sensível e empática.

Listo a seguir algumas dicas úteis e práticas:

- Seja autêntico no seu interesse em compreender os sentimentos, pensamentos e preocupações do autista. Pratique a escuta ativa, mostrando interesse, fazendo perguntas abertas e validando seus sentimentos.

- Reconheça e respeite a individualidade de cada autista. Cada pessoa é singular com suas próprias preferências, necessidades e pontos fortes. Valorize suas diferenças e demonstre aceitação incondicional.

- Demonstre empatia e valide os sentimentos, mesmo que você não concorde com eles. Reconheça suas emoções e mostre que você entende porque ela se sente dessa maneira.

- Inclua o autista em decisões e atividades sempre que possível. Dê a ela oportunidades de contribuir, expressar suas opiniões e fazer escolhas sobre assuntos que a afetam.

- Esteja atento aos limites e sensibilidades da pessoa autista. Respeite suas necessidades de espaço pessoal, rotina e sensibilidades sensoriais. Evite situações que possam ser avassaladoras ou desencadear desconforto.

- Ofereça apoio prático e orientação quando necessário, mas permita que a pessoa autista assuma a liderança em sua própria vida. Esteja disponível para oferecer ajuda, mas respeite sua independência e autonomia sempre que possível.

- Encoraje a autenticidade e a expressão genuína do autista. Permita que ela seja quem é sem pressão para se conformar a padrões sociais ou expectativas não realistas.

- Estude sobre o tema autismo e assim ajude a promover a sensibilização em sua comunidade. A compreensão e aceitação do autismo são fundamentais para criar ambientes inclusivos e de apoio.

- Vamos construir um relacionamento de confiança e apoio a longo prazo com a pessoa autista. Mostre consistência, disponibilidade e interesse genuíno em seu bem-estar e sucesso.

Ao adotar essas estratégias, você pode ajudar a pessoa autista a se sentir valorizada, compreendida e apoiada em sua jornada.

112 - Como apoiar a família de uma pessoa com diagnóstico de autismo?

Apoiar a família de uma pessoa com diagnóstico de autismo é essencial para promover o bem-estar e a qualidade de vida de todos os envolvidos. É importante termos sensibilidade com os sentimentos de todos, há estudos que comprovam que uma mãe atípica tem o mesmo estresse de um soldado de guerra, então se coloque no lugar dela e tentem ser solidários como gostariam que fossem com vocês, se o papel estivesse invertido.

Destaco algumas maneiras de oferecer apoio:

- Forneça informações precisas e atualizadas sobre o autismo à família. Isso pode incluir sintomas, características, estratégias de manejo, recursos disponíveis e direitos legais. A compreensão do autismo ajuda a família a lidar melhor com os desafios e a celebrar as conquistas da pessoa autista.

- Esteja disponível para ouvir as preocupações, frustrações, medos e triunfos da família. A prática da escuta empática pode ajudar a reduzir o estresse emocional e proporcionar um espaço seguro para expressar sentimentos.

- Valide as experiências da família e demonstre empatia por seus desafios. Reconheça que cada membro da família pode ter suas próprias reações e sentimentos em relação ao diagnóstico de autismo, e que todos os sentimentos são válidos.

- Ajude a família a acessar recursos locais, serviços de apoio, grupos de pais, terapeutas especializados e programas educacionais. Forneça orientação sobre como navegar no sistema de saúde, educação e assistência social.

- Respeite as escolhas e decisões da família em relação ao tratamento, educação e estilo de vida da pessoa autista. Reconheça que a família é a especialista na vida da pessoa autista e que suas decisões devem ser respeitadas e apoiadas.

- Encoraje a troca de experiências e conselhos entre famílias que têm vivências semelhantes. Grupos de apoio e redes sociais podem oferecer um espaço para compartilhar histórias, estratégias de manejo e recursos úteis.

- Ofereça ajuda prática, como assistência com tarefas domésticas, transporte para consultas médicas ou cuidado com outros membros da família, para aliviar o fardo emocional e físico da família.

- Promova a inclusão e aceitação da pessoa autista na comunidade, na escola, no trabalho e em outras áreas da vida. Ajude a combater o estigma, a discriminação e a falta de compreensão sobre o autismo.

- Lembre à família a importância do autocuidado e do equilíbrio entre as demandas do cuidado da pessoa autista e as necessidades individuais de cada membro da família. Encoraje a busca de atividades que promovam o bem-estar físico, emocional e social.

Ao oferecer apoio à família de uma pessoa com autismo, é fundamental reconhecer suas experiências, desafios e triunfos únicos, e auxiliando em um ambiente de compreensão, aceitação e apoio incondicional.

113 - Como criar um ambiente que seja agradável e seguro para a pessoa atípica e típica?

Para criar um ambiente que seja agradável e seguro para pessoas atípicas e típicas, é importante considerar uma variedade de fatores que promovam inclusão, respeito mútuo e bem-estar para todos.

Seguem algumas sugestões:

- Certifique-se de que o ambiente seja acessível para pessoas com diferentes necessidades, incluindo acessibilidade física, visual, auditiva e cognitiva. Isso pode envolver a instalação de rampas, corrimãos, sinalização clara, iluminação adequada e outras adaptações para atender às necessidades específicas.

- Promova uma cultura de respeito à diversidade em todas as suas formas. Celebre as diferenças individuais e reconheça o valor de perspectivas e experiências únicas.

- Estabeleça expectativas claras de comunicação e interação, utilizando linguagem simples e direta sempre que possível. Esteja aberto ao uso de diferentes formas de comunicação, incluindo comunicação verbal, não verbal e alternativa.

- Crie espaços seguros e calmos onde as pessoas possam se retirar e se recompor, se necessário. Isso pode incluir áreas de descanso tranquilo, salas de relaxamento ou cantos designados para momentos de pausa e autocuidado.

- Seja flexível e adaptável às necessidades individuais das pessoas, tanto atípicas quanto típicas. Esteja aberto a ajustar rotinas, atividades e expectativas para acomodar diferentes estilos de aprendizado, habilidades e preferências.

- Promova a empatia e a compreensão entre as pessoas, incentivando a prática da escuta ativa, da empatia e do respeito pelos sentimentos e experiências dos outros.

- Inclua todas as pessoas no planejamento e participação de atividades, projetos e decisões que afetam o ambiente compartilhado. Isso promove um senso de pertencimento e colaboração.

- Forneça oportunidades de educação e sensibilização sobre questões relacionadas à diversidade, inclusão e acessibilidade. Isso ajuda a criar uma cultura de respeito mútuo e compreensão das necessidades e desafios de todos os indivíduos.

- Promova a resolução construtiva de conflitos e o diálogo aberto para lidar com desentendimentos e diferenças de maneira respeitosa e colaborativa.

- Incentive o apoio mútuo e a colaboração entre as pessoas no ambiente. Isso pode envolver o estabelecimento de parcerias de mentoria, grupos de apoio ou programas de trabalho em equipe.

Criar um ambiente que seja agradável e seguro para pessoas atípicas e típicas requer um compromisso contínuo com a inclusão, a acessibilidade e o respeito mútuo. Ao adotar uma abordagem centrada na pessoa e na diversidade, é possível promover um ambiente onde todas as pessoas se sintam valorizadas, respeitadas e bem-vindas.

114 - Qual o percentual de meninos e meninas com autismo?

O autismo é diagnosticado com mais frequência em meninos do que em meninas. De acordo com estimativas e pesquisas, a proporção de meninos para meninas com autismo é aproximadamente de 4x1 ou até mesmo maior. Isso significa que os meninos são diagnosticados com autismo em uma proporção significativamente maior do que as meninas.

No entanto, é importante notar que essa disparidade pode ser influenciada por diversos fatores, incluindo diferenças na expressão dos sintomas entre meninos e meninas, possíveis diferenças na forma como o autismo se manifesta em cada gênero, vieses de diagnóstico e questões relacionadas à pesquisa.

Além disso, estudos recentes têm explorado a ideia de que o autismo pode ser subdiagnosticado em meninas devido a diferenças na apresentação das características e a possíveis diferenças no modo como meninas e meninos lidam com suas características autistas. Essa questão ainda está sendo investigada pela comunidade científica.

Portanto, embora a proporção de meninos para meninas com autismo seja amplamente reconhecida como desigual, é importante continuar pesquisando e compreendendo melhor as complexidades do autismo em ambos os sexos.

Sexo dos Autistas

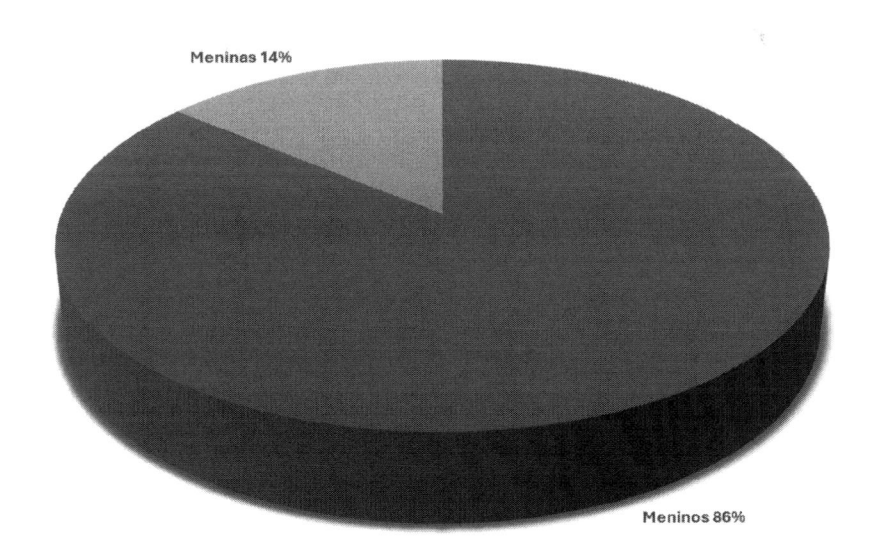

Meninas 14%

Meninos 86%

115 - Qual a responsabilidade social na inclusão de autistas?

A responsabilidade social na inclusão de autistas envolve uma série de ações e compromissos que as organizações, comunidades e sociedade como um todo podem assumir para promover um ambiente mais inclusivo, acessível e acolhedor para pessoas dentro do espectro do autismo.

Algumas maneiras pelas quais a responsabilidade social pode ser exercida na inclusão de autistas:

- Promoção da Diversidade e Inclusão: As organizações podem adotar políticas e práticas que promovam a diversidade e inclusão, reconhecendo as habilidades e contribuições únicas que pessoas autistas podem oferecer. Isso pode incluir programas de recrutamento inclusivos, ambientes de trabalho acessíveis e oportunidades de desenvolvimento profissional para autistas.

- Sensibilização e Educação: Promover a conscientização e compreensão sobre o autismo é fundamental para criar uma cultura mais inclusiva e receptiva. As organizações podem oferecer treinamentos e workshops sobre o autismo para funcionários, clientes e comunidade em geral, visando reduzir estigmas, preconceitos e aumentar a empatia.

- Acesso a Oportunidade Educacionais e Profissionais: Garantir que pessoas autistas tenham acesso a oportunidades educacionais e profissionais é essencial para promover sua inclusão e participação plena na sociedade. Isso pode envolver o desenvolvimento de programas de educação inclusiva, suporte acadêmico e adaptativo, bem como oportunidades de emprego acessíveis e apoio no local de trabalho.

- Desenvolvimento de Ambientes Inclusivos: Criar ambientes físicos e sociais que sejam acolhedores e acessíveis para pessoas autistas é crucial. Isso pode incluir a implementação de adaptações razoáveis em espaços públicos, escolas, locais de trabalho e serviços comunitários, levando em consideração as necessidades sensoriais, comunicativas e sociais das pessoas autistas.

- Apoio às Famílias: Oferecer suporte e recursos às famílias de pessoas autistas é fundamental para fortalecer o apoio social e emocional necessário para enfrentar os desafios e celebrar as conquistas da jornada autista. Isso pode envolver o acesso a grupos de apoio, serviços de intervenção precoce, orientação educacional e assistência financeira, quando necessário.

- Defesa por Políticas Inclusivas: A defesa por políticas públicas inclusivas e direitos civis é uma responsabilidade social importante na promoção da inclusão de autistas. Isso inclui o apoio a leis e regulamentações que protejam os direitos e garantam o acesso igualitário a serviços, recursos e oportunidades para pessoas autistas.

- Colaboração e Parcerias: Trabalhar em colaboração com organizações da sociedade civil, governos, instituições acadêmicas e empresas privadas pode ampliar os esforços de inclusão e promover mudanças sistêmicas em direção a uma sociedade mais inclusiva e acessível para autistas.

Por meio dessas e outras iniciativas, a inclusão de autistas (TEA) pode ajudar a construir um mundo mais justo, igualitário e acolhedor para todas as pessoas, independentemente de suas diferenças e habilidades.

Vamos lutar por isso juntos!

116 - Quais as leis destinadas a proteger os autistas?

As leis que protegem e promovem os direitos das pessoas autistas variam de acordo com o país e região.

No entanto, algumas leis e políticas comuns que podem se aplicar incluem:

- Leis de Educação Inclusiva: Muitos países têm leis e regulamentações que garantem o direito à educação inclusiva para pessoas autistas. Isso pode incluir a obrigação das escolas de oferecerem suporte e serviços adaptados para atender às necessidades educacionais individuais dos alunos autistas.

- Leis de Acessibilidade: As leis de acessibilidade visam garantir que pessoas com deficiência, incluindo autistas, tenham acesso igualitário a serviços, transporte, emprego e espaços públicos. Isso pode incluir requisitos para adaptações razoáveis, como rampas de acesso, sinalização acessível e assistência tecnológica.

- Leis de Direitos Civis e Antidiscriminação: Leis de direitos civis e antidiscriminação protegem as pessoas autistas contra discriminação e tratamento injusto com base em sua condição de autismo. Isso pode abranger áreas como emprego, habitação, serviços de saúde e acesso a programas governamentais.

- Lei de Saúde Mental e Serviços Sociais: Muitos países têm leis que garantem o acesso a serviços de saúde mental e apoio social para pessoas autistas e suas famílias. Isso pode incluir acesso a terapia comportamental, apoio psicológico, programas de intervenção precoce e serviços de respiro.

- Leis de Proteção aos Direitos das Pessoas com Deficiências: Leis gerais que protegem os direitos das pessoas com deficiência podem se aplicar a pessoas autistas. Essas leis podem incluir disposições para proteger contra abuso, negligência, exploração e violações dos direitos humanos.

- Leis de Acessibilidade de Comunicação: Alguns países têm leis que exigem que organizações e serviços públicos forneçam comunicação acessível para pessoas autistas e com outras deficiências. Isso pode incluir interpretação em língua de sinais, material impresso em formatos alternativos e tecnologias de comunicação assistiva.

É importante consultar as leis e regulamentações específicas do seu país ou região para entender os direitos e proteções disponíveis para pessoas autistas. Além disso, organizações de autismo e grupos de defesa podem oferecer informações e recursos adicionais sobre leis e políticas relacionadas ao autismo.

117 – Quais danos de forma geral podem acontecer se alguém agir com preconceito com uma pessoa autista?

Agir com preconceito contra um autista pode ter várias consequências:

- O preconceito pode causar sérios danos emocionais ao autista, levando a sentimentos de isolamento, baixa autoestima, ansiedade e depressão (Dano emocional).

- O preconceito pode contribuir para problemas de saúde mental, como estresse crônico, distúrbios de humor e problemas de ajuste psicossocial (Impacto na saúde mental).

- O preconceito pode criar barreiras sociais significativas, dificultando a participação plena do autista na sociedade e nas relações interpessoais (Barreiras sociais).

- O preconceito pode interferir nas oportunidades educacionais e profissionais do autista, limitando suas perspectivas de aprendizado, emprego e avanço na carreira (Dificuldades educacionais e profissionais).

- Em casos extremos, o preconceito pode levar a formas de violência verbal, física ou emocional contra o autista, aumentando o risco de vitimização e trauma (Violência e assédio).

- O preconceito contribui para a perpetuação de estigmas e discriminação contra pessoas autistas, reforçando ideias negativas e estereótipos prejudiciais sobre o autismo (Perpetuação de estigmas e discriminação).

- O preconceito pode prejudicar as relações interpessoais do autista, criando divisões e conflitos dentro de famílias, comunidades e ambientes sociais (Impacto nas relações interpessoais).

É fundamental combater o preconceito contra pessoas autistas e promover uma cultura de respeito, compreensão e inclusão. Isso envolve educação, sensibilização, defesa de direitos e ações concretas para combater atitudes discriminatórias e garantir que pessoas autistas sejam tratadas com dignidade, respeito e igualdade em todos os aspectos da vida.

118 - O que diz a lei Romeo Mion?

A "Lei Romeo Mion" refere-se à Lei de nº 13.977/2020, sancionada pelo Presidente Jair Bolsonaro em 7 de janeiro de 2020. Ela ficou conhecida com esse nome em homenagem ao filho do apresentador Marcos Mion, que é autista. A lei instituiu a Carteira de Identificação da Pessoa com Transtorno do Espectro Autista (Ciptea) e estabelece prioridade no atendimento em serviços públicos e privados, especialmente em áreas como saúde, educação e assistência social, para pessoas dentro do espectro autista.

A Carteira de Identificação da Pessoa com Transtorno do Espectro Autista (Ciptea) é um documento que tem como objetivo facilitar o acesso a serviços e benefícios para pessoas com autismo. Ela pode ser requerida pelos pais ou responsáveis legais da pessoa com autismo e é emitida gratuitamente pelos órgãos responsáveis pela política de assistência social dos estados, do Distrito Federal e dos municípios.

Essa lei é considerada um avanço significativo na garantia dos direitos e na inclusão das pessoas com autismo no Brasil, proporcionando maior visibilidade e acessibilidade aos serviços e benefícios a que têm direito.

119 - Qual a lei que assegura lugar preferencial para autistas?

A lei que assegura lugar preferencial para autistas em alguns locais, especialmente em transportes públicos, é uma extensão das legislações que visam garantir os direitos das pessoas com deficiência. No Brasil, a Lei nº 12.764/2012, conhecida como Lei Berenice Piana ou Lei Brasileira de Inclusão da Pessoa com Deficiência (Estatuto da Pessoa com Deficiência), estabelece diretrizes para promover a inclusão e proteger os direitos das pessoas com deficiência, incluindo autistas.

No contexto do transporte público, em muitas cidades brasileiras, é garantido por legislação municipal que pessoas com deficiência, incluindo autistas, tenham direito a assentos preferenciais em ônibus, metrôs e outros meios de transporte coletivo. Esses assentos são reservados para pessoas com deficiência, gestantes, idosos e pessoas com crianças de colo, visando garantir conforto e acessibilidade.

A reserva de lugares preferenciais para autistas em transportes públicos se justifica pelas necessidades específicas que podem ter, como sensibilidades sensoriais, ansiedade em ambientes lotados e dificuldades de locomoção. Garantir esses espaços ajuda a tornar as viagens mais confortáveis e acessíveis para as pessoas dentro do espectro autista e suas famílias.

Essa é uma medida importante para promover a inclusão e garantir que pessoas com autismo possam se deslocar pela cidade com segurança e dignidade, facilitando sua participação na sociedade e acesso aos serviços públicos e privados.

120 - Discriminação contra os autistas é passível de prisão?

É sempre bom lembrar que as leis variam de acordo com o país e região, então é importante verificar as leis específicas do local em questão.

Em muitos países, incluindo o Brasil, existem leis que protegem as pessoas com deficiência, incluindo autistas, contra discriminação e tratamento injusto. No entanto, a penalidade exata por discriminação pode variar dependendo das circunstâncias e das leis locais.

No Brasil, a discriminação contra pessoas com deficiência, incluindo autistas, é considerada uma violação dos direitos humanos e é passível de punição de acordo com a Lei Brasileira de Inclusão da Pessoa com Deficiência (Lei nº 13.146/2015), também conhecida como Estatuto da Pessoa com Deficiência. Essa lei estabelece medidas para prevenir e punir atos de discriminação, garantindo o acesso igualitário a serviços, espaços públicos, emprego e outros direitos fundamentais.

As penalidades por discriminação podem incluir multas, medidas administrativas, indenizações por danos morais e, em casos extremos, penas de prisão, dependendo da gravidade do ato discriminatório e das leis específicas do país. É importante que as leis sejam aplicadas de forma justa e eficaz para garantir a proteção dos direitos das pessoas com autismo e promover uma sociedade mais inclusiva e justa para todos.

121 - Dê exemplo de alguns empregos para autistas.

Existem muitas profissões e campos de trabalho nos quais pessoas autistas podem se destacar e encontrar satisfação profissional.

Listo a seguir alguns exemplos de empregos que podem ser adequados para pessoas autistas, considerando suas habilidades, interesses e características individuais:

- Desenvolvimento de Software e Programação de Computadores: Alguns autistas têm habilidades excepcionais em matemática, lógica e resolução de problemas, o que as torna bem adequadas para carreiras em programação e desenvolvimento de software.

- Análise de Dados e Estatísticas: A afinidade natural por padrões e detalhes, as torna aptas para trabalhos que envolvem análise de dados, estatísticas e pesquisa.

- Engenharia e Arquitetura: Carreiras em Engenharia e Arquitetura podem ser atraentes para pessoas autistas devido à sua ênfase em estrutura, design e resolução de problemas técnicos.

- Pesquisas em Geral: Áreas como biologia, química, física e pesquisa científica podem oferecer oportunidades para pessoas autistas que têm um forte interesse e habilidades em observação, análise e experimentação.

- Contabilidade e Finanças: Carreiras em contabilidade, auditoria e finanças podem ser adequadas para pessoas autistas que possuem habilidades de organização, atenção aos detalhes e capacidade analítica.

- Trabalho de Laboratório: Posições em laboratórios de pesquisa, testes e análises oferecem um ambiente estruturado e focado, onde as pessoas autistas podem prosperar utilizando suas habilidades de concentração e precisão.

- Arquivologia: Trabalhos que envolvem organização, catalogação e gerenciamento de informações, como bibliotecas e arquivos, podem ser bem adequados para pessoas autistas que têm afinidade com sistemas de classificação e organização.

- Design Gráfico e Ilustração: Autistas com habilidades criativas, trabalhos em design gráfico, ilustração e produção de mídia digital podem oferecer uma saída para expressão artística e criativa.

Estes são apenas alguns exemplos, pois há muitas outras opções de carreira que podem ser adequadas para pessoas autistas, dependendo de seus interesses, habilidades e preferências individuais.

O mais importante é encontrar um ambiente de trabalho que valorize suas habilidades únicas e ofereça oportunidades para crescimento e realização pessoal.

122 - Autismo entra como cota de PCD?

No Brasil, a Lei nº 8.213/1991 estabelece cotas para a contratação de pessoas com deficiência (PCD) pelas empresas. O autismo, como transtorno do neurodesenvolvimento, é reconhecido como uma deficiência, e as pessoas com autismo podem se qualificar para preencher as cotas de PCD.

Entretanto, é importante ressaltar que a inclusão de pessoas autistas no mercado de trabalho vai além das cotas estabelecidas por lei. É fundamental garantir um ambiente de trabalho inclusivo, que respeite as necessidades individuais e ofereça apoio e adaptações razoáveis para que as pessoas autistas possam desempenhar seu trabalho de forma eficaz e satisfatória.

As empresas são incentivadas não apenas a cumprir as cotas de contratação de PCD, mas também a promover políticas de inclusão e diversidade que valorizem as habilidades e contribuições únicas de todos os colaboradores, incluindo aqueles no espectro autista. Isso não só beneficia os indivíduos autistas, mas também enriquece a cultura organizacional e contribui para o sucesso e a inovação da empresa

123 – O autista tem desconto em passagem aérea, compra de veículo e carta de motorista?

O acesso a descontos em passagens aéreas, compra de veículos ou obtenção de carta de motorista para pessoas autistas geralmente não é garantido automaticamente devido ao diagnóstico de autismo. No entanto, em alguns países, pode haver programas de descontos ou isenções fiscais para pessoas com deficiência, que podem incluir pessoas autistas, dependendo das leis locais e dos critérios estabelecidos.

A seguir, algumas considerações sobre os benefícios que podem estar disponíveis para pessoas autistas em diversas áreas:

- Passagem Aérea: Algumas companhias aéreas podem oferecer assistência ou acomodações especiais para passageiros com necessidades especiais, incluindo pessoas autistas. No entanto, isso pode variar de acordo com a política de cada companhia aérea e a legislação do país em questão.

- Compra de Veículo: Em alguns lugares, pessoas com deficiência podem ser elegíveis para isenções fiscais ou descontos na compra de veículos adaptados, dependendo das leis e regulamentos locais. Essas isenções podem incluir pessoas com autismo, desde que atendam aos critérios estabelecidos.

- Carta de Motorista: A obtenção da carta de motorista para pessoas autistas geralmente segue os mesmos procedimentos e requisitos que para qualquer pessoa. No entanto, pode haver programas de apoio ou adaptações disponíveis para pessoas com necessidades especiais, incluindo autismo, para ajudá-las a obter a carta de motorista, como aulas de direção adaptadas ou recursos de treinamento específicos.

Verifique sempre as leis, regulamentos e políticas locais para determinar quais benefícios e apoios podem estar disponíveis para pessoas autistas em sua região específica. Em muitos casos, pode ser necessário entrar em contato com as autoridades locais, agências governamentais ou organizações de apoio para obter informações detalhadas sobre os programas disponíveis e os requisitos de elegibilidade.

125 – Em quais locais ou instituições um autista deve procurar apoio para sua colocação no mercado de trabalho?

Um autista pode procurar emprego em uma variedade de lugares, e a escolha dependerá de seus interesses, habilidades e preferências individuais.

Seguem algumas sugestões sobre onde um autista pode procurar emprego:

- Agências de Emprego Especializadas: Existem agências de emprego especializadas em colocar pessoas com deficiência, incluindo autistas, em empregos adequados às suas habilidades e necessidades. Essas agências podem oferecer suporte específico e compreensão das necessidades dos candidatos autistas.

- Programas de Reabilitação Profissional: Muitas regiões têm programas de reabilitação profissional que ajudam pessoas com deficiência a adquirir habilidades profissionais, encontrar emprego e se integrar ao mercado de trabalho.

- Empresas e Organizações com Programas de Inclusão: Algumas empresas e organizações têm programas dedicados à inclusão de pessoas com deficiência em sua força de trabalho. Esses programas podem incluir treinamento, adaptações no local de trabalho e suporte para garantir um ambiente de trabalho acessível e inclusivo.

- Feiras de Emprego e Eventos de Recrutamento: Participar de feiras de emprego e eventos de recrutamento pode ser uma maneira eficaz para os autistas se conectarem diretamente com empregadores e explorarem oportunidades de emprego em diferentes setores e indústrias.

- Redes Profissionais e Sociais: Participar de redes profissionais e sociais pode ajudar os autistas a expandir sua rede de contatos, obter informações sobre oportunidades de emprego e receber suporte de outros profissionais e membros da comunidade.

- Plataformas de Emprego Online: Existem várias plataformas de emprego online que oferecem uma ampla gama de oportunidades de emprego em diferentes setores e localidades. Autistas podem explorar essas plataformas para encontrar empregos que correspondam às suas habilidades e interesses.

- Voluntariado: O voluntariado pode ser uma maneira valiosa de adquirir experiência profissional, desenvolver habilidades e construir uma rede de contatos que possa levar a oportunidades de emprego remunerado no futuro.

É importante que os autistas considerem suas próprias habilidades, interesses e necessidades ao procurar emprego e escolher o ambiente de trabalho que melhor se adapte a eles. Ter apoio de familiares, amigos, profissionais de apoio e mentores também pode ser útil durante o processo de busca de emprego.

126 - Quais as dúvidas que uma empresa tem para contratar um autista?

As empresas podem ter várias dúvidas e preocupações ao considerar a contratação de uma pessoa autista.

Essas dúvidas podem incluir:

- Desconhecimento sobre o Autismo: Muitas empresas podem não estar familiarizadas com o autismo e ter dúvidas sobre como as características autistas podem afetar o desempenho no trabalho.

- Adaptações no Local de Trabalho: As empresas podem se perguntar sobre quais adaptações precisam ser feitas no ambiente de trabalho para acomodar as necessidades do funcionário autista, como modificações na comunicação, na estrutura do trabalho ou nas interações sociais.

- Desempenho no Trabalho: Pode haver dúvidas sobre o desempenho no trabalho de um funcionário autista, incluindo questões sobre produtividade, capacidade de seguir instruções, trabalhar em equipe e lidar com mudanças no ambiente de trabalho.

- Integração e Relacionamento com Colegas: As empresas podem se preocupar com a integração do funcionário autista à equipe e como seus colegas de trabalho irão interagir e se relacionar com eles.

- Comunicação e Entendimento: Pode haver preocupações sobre a capacidade de comunicação e entendimento do funcionário autista, especialmente em situações de trabalho que exigem interações sociais intensas ou compreensão de nuances sociais.

- Suporte e Gerenciamento de Desafios: As empresas podem se perguntar como fornecer o suporte adequado e gerenciar eventuais desafios que possam surgir ao empregar uma pessoa autista, como lidar com crises sensoriais, estresse ou dificuldades de comunicação.

- Preconceitos e Estigmas: Infelizmente, ainda existem estigmas e preconceitos em relação ao autismo, e as empresas podem estar preocupadas com o impacto que a contratação de uma pessoa autista terá na imagem da empresa ou nas relações com clientes e parceiros de negócios.

É importante que as empresas reconheçam que, com o suporte adequado e as adaptações apropriadas, as pessoas autistas podem contribuir de forma significativa e valiosa para o local de trabalho. A educação, a conscientização e a promoção de um ambiente de trabalho inclusivo são fundamentais para superar essas dúvidas e promover a diversidade e a igualdade de oportunidades no local de trabalho.

127 - Como profissionais da saúde mental podem ajudar as empresas na inclusão de autistas?

Profissionais da saúde mental desempenham um papel crucial na promoção da inclusão de pessoas autistas no ambiente de trabalho.

Saiba diversas maneiras pelas quais eles podem ajudar as empresas nesse processo:

- Educação: Profissionais da saúde mental podem oferecer treinamento e workshops educacionais para funcionários e líderes da empresa sobre o autismo, suas características, necessidades e como promover um ambiente de trabalho inclusivo.

- Avaliação e Recomendações: Eles podem realizar avaliações individuais de funcionários autistas para identificar suas habilidades, desafios e necessidades específicas no ambiente de trabalho. Com base nessa avaliação, podem fornecer recomendações sobre adaptações e suportes necessários para garantir uma experiência de trabalho positiva e produtiva.

- Prática Inclusiva: Profissionais da saúde mental podem colaborar com as empresas no desenvolvimento de políticas e práticas que promovam a inclusão de pessoas autistas, incluindo políticas de recrutamento, treinamento de funcionários, adaptações no local de trabalho e programas de apoio.

- Suporte: Eles podem oferecer aconselhamento individualizado e suporte emocional para funcionários autistas e suas equipes, ajudando a resolver conflitos, lidar com desafios e promover relações de trabalho saudáveis e inclusivas.

- Monitoramento e Avaliação Contínua: Profissionais da saúde mental podem ajudar as empresas a implementar sistemas de monitoramento e avaliação para acompanhar o progresso da inclusão de pessoas autistas no local de trabalho e identificar áreas que precisam de melhorias contínuas.

- Recursos: Eles podem fornecer informações e conectar as empresas a recursos e organizações locais que oferecem suporte adicional para a inclusão de pessoas autistas, como grupos de apoio, serviços de advocacia e programas de capacitação.

Ao colaborar com profissionais da saúde mental, as empresas podem criar ambientes de trabalho mais inclusivos, equitativos e acolhedores para funcionários autistas e promover uma cultura organizacional que valoriza a diversidade e a contribuição de todos os seus membros.

128 - Descreva um programa de inclusão com que um profissional da saúde mental pode ajudar uma empresa.

Um programa de inclusão para pessoas autistas em uma empresa pode ser desenvolvido com a colaboração de profissionais da saúde mental.

Aqui está um esboço básico de como um programa desse tipo pode ser estruturado:

- Recursos: O primeiro passo é realizar uma avaliação das necessidades e recursos disponíveis na empresa. Isso envolve identificar os objetivos do programa de inclusão, as necessidades específicas dos funcionários autistas, as políticas e práticas atuais da empresa e os recursos disponíveis para apoiar a inclusão.

- Sensibilização: Os profissionais da saúde mental podem oferecer treinamento e workshops educacionais para funcionários e líderes da empresa sobre o autismo, suas características, desafios e estratégias de apoio. Isso ajuda a promover a compreensão e a empatia em relação às pessoas autistas no local de trabalho.

- Desenvolvimento de Políticas: Com base na avaliação inicial, os profissionais da saúde mental podem colaborar com a empresa no desenvolvimento de políticas e práticas que promovam a inclusão de pessoas autistas. Isso pode incluir políticas de recrutamento e seleção que garantam oportunidades iguais para todos, adaptações no ambiente de trabalho, políticas de comunicação inclusiva e procedimentos para lidar com questões relacionadas ao autismo.

- Apoio Individualizado: Os profissionais da saúde mental podem oferecer suporte individualizado para funcionários autistas, incluindo aconselhamento, orientação e recursos para lidar com desafios específicos no trabalho. Isso pode envolver o desenvolvimento de planos de apoio individualizados e a coordenação de serviços de suporte externo, conforme necessário.

- Treinamento de Habilidades: Os profissionais da saúde mental podem facilitar programas de treinamento de habilidades sociais e profissionais para funcionários autistas, visando melhorar suas habilidades de comunicação, trabalho em equipe, resolução de problemas e outras competências necessárias para o sucesso no local de trabalho.

- Avaliação: É importante realizar avaliações regulares do programa de inclusão para garantir que ele esteja atendendo às necessidades dos funcionários autistas e da empresa. Os profissionais da saúde mental podem ajudar na coleta de dados, análise de resultados e ajustes necessários para garantir a eficácia contínua do programa.

Um programa de inclusão bem-sucedido requer compromisso, colaboração e apoio contínuo de toda a organização. Com a orientação e o suporte de profissionais da saúde mental, as empresas podem criar ambientes de trabalho mais inclusivos e acolhedores para todos os funcionários, incluindo aqueles no espectro autista.

129 - Dentro de uma empresa, como trabalhar a inclusão dos colaboradores típicos?

Incluir colaboradores típicos em um programa de inclusão é fundamental para promover um ambiente de trabalho verdadeiramente inclusivo e acolhedor.

Aqui estão diversas estratégias para trabalhar a inclusão dos colaboradores típicos dentro de uma empresa:

- Treinamento: Ofereça treinamentos e sessões de sensibilização para todos os funcionários sobre diversidade, inclusão e os benefícios de trabalhar em um ambiente inclusivo. Isso ajudará a aumentar a conscientização sobre as necessidades e habilidades de todos os colegas de trabalho, incluindo aqueles no espectro autista.

- Empatia: Incentive a prática da empatia e da compreensão entre os colaboradores. Promova a ideia de que todos têm habilidades únicas e que a diversidade é uma fonte de força e inovação para a empresa.

- Trabalho em Equipe: Crie oportunidades para colaboração e trabalho em equipe entre todos os funcionários. Isso pode ajudar a promover o entendimento mútuo, construir relacionamentos e superar possíveis barreiras de comunicação ou de entendimento.

- Mentoria: Implemente programas de mentoria em que colaboradores mais experientes possam orientar e apoiar novos funcionários, incluindo aqueles com necessidades especiais, como autismo. Isso pode ajudar a facilitar a integração e promover um ambiente de apoio e colaboração.

- Programa de Inclusão: Incentive a participação de todos os colaboradores em programas de inclusão, como grupos de afinidade, comitês de diversidade e eventos de conscientização. Isso demonstra o compromisso da empresa com a inclusão e encoraja o engajamento de todos os funcionários.

- Aceitação: Estabeleça uma cultura organizacional baseada no respeito, na aceitação e na valorização das diferenças. Encoraje os colaboradores a reconhecer e celebrar a diversidade em todas as suas formas.

- Adaptação: Regularmente avalie as políticas e práticas da empresa para garantir que sejam inclusivas e equitativas para todos os colaboradores. Esteja aberto a feedbacks e sugestões de melhoria de todos os membros da equipe.

Ao promover a inclusão dos colaboradores típicos, a empresa criará um ambiente onde todos os funcionários se sintam valorizados, respeitados e capazes de contribuir plenamente para o sucesso da organização.

130 - Descreva um treinamento detalhado de inclusão para empresas.

Um treinamento detalhado de inclusão para uma empresa pode abordar uma variedade de tópicos importantes para promover um ambiente de trabalho inclusivo e acolhedor para todos os colaboradores. Aqui está um esboço de um programa de treinamento de inclusão:

OBJETIVOS DO TREINAMENTO

- Promover a conscientização sobre a importância da inclusão no local de trabalho;
- Fornecer ferramentas e estratégias para promover um ambiente de trabalho inclusivo;
- Desenvolver habilidades de comunicação e empatia;
- Exploração dos valores fundamentais de respeito, acei

- tação e valorização da diversidade;
- Incentivo ao reconhecimento e celebração das diferenças;
- Promoção de uma cultura organizacional baseada na igualdade de oportunidades e tratamento justo.

PAPEL DE TODOS NA PROMOÇÃO DA INCLUSÃO:

- Exploração do papel de cada colaborador na promoção da inclusão;
- Discussão sobre estratégias para criar um ambiente de trabalho acolhedor e inclusivo;
- Compromisso com a ação e responsabilidade individual na promoção da inclusão;

METODOLOGIA DO TREINAMENTO:

- Utilização de apresentações dinâmicas e interativas para introduzir conceitos e facilitar discussões em grupo;
- Análise de casos reais e exemplos práticos para ilustrar os princípios de inclusão e diversidade;
- Realização de atividades em grupo e dinâmicas de grupo para promover a participação e o engajamento dos colaboradores;
- Realização de *role-plays* e simulações para praticar habilidades de comunicação, resolução de conflitos e promoção da inclusão.
- Utilização de recursos visuais e materiais de apoio para reforçar conceitos e facilitar a compreensão.

AVALIAÇÃO E ACOMPANHAMENTO:

- Realização de avaliações de pré e pós-treinamento para medir a eficácia do treinamento;
- Estabelecimento de mecanismos de feedback para os participantes;

- Implementação de programas de acompanhamento e suporte para reforçar os princípios de inclusão no local de trabalho;

- Um treinamento abrangente de inclusão é essencial para criar uma cultura organizacional que valoriza a diversidade e promove um ambiente de trabalho onde todos os colaboradores se sintam respeitados, valorizados e capazes de contribuir plenamente para o sucesso da empresa.

131 - Para ter um colaborador autista preciso ter um acompanhamento profissional clínico?

Não, o colaborador dentro do espectro autista consegue evoluir, contribuir para a empresa sem suporte de um profissional, claro, sendo respeitado o nível de suporte dele.

132 – O que pode ser confundido com o autismo?

O Transtorno do Déficit de Atenção e Hiperatividade (TDAH) é comumente confundido com o Transtorno do Espectro Autista (TEA) por apresentar características similares que comprometem o aprendizado, desenvolvimento emocional, comportamental e habilidade social, por isso, a importância do diagnóstico ser realizado por um profissional especializado em autismo para que não seja confundido, o que pode atrapalhar a qualidade de vida a longo prazo.

133 - Como é o contato físico para um autista?

O contato físico para uma pessoa no espectro autista é percebido de maneiras diferentes, pois as experiências e preferências variam de indivíduo para indivíduo. Alguns autistas podem não se sentir confortáveis com o contato físico e preferir manter uma certa distância das pessoas, enquanto outros podem tolerar ou até mesmo buscar o contato físico em determinadas circunstâncias.

É importante reconhecer e respeitar as preferências individuais de cada pessoa autista em relação ao contato físico. Alguns autistas podem ser hipersensíveis ao toque e considerar o contato físico excessivo ou inesperado aversivo ou desconfortável. Isso se deve a uma sensibilidade sensorial aumentada, que é comum em algumas pessoas no espectro autista.

Por outro lado, alguns autistas podem tolerar ou até mesmo apreciar o contato físico em determinadas situações, especialmente quando há um relacionamento de confiança e familiaridade com a pessoa com quem estão interagindo. O contato físico, quando desejado e consentido, pode ser uma forma importante de expressar afeto, conforto e conexão emocional.

Portanto, ao interagir com uma pessoa autista, é importante estar atento às suas preferências individuais em relação ao contato físico e respeitar os limites pessoais de cada indivíduo. É recomendável perguntar e observar sinais de conforto ou desconforto antes de iniciar qualquer forma de contato físico e estar aberto para ajustar o comportamento conforme necessário para garantir uma interação positiva e respeitosa.

134 - Autistas costumam ter amigos?

Sim, muitas pessoas no espectro autista têm amigos e desenvolvem relacionamentos significativos ao longo de suas vidas. Assim como na população em geral, a capacidade e a disposição de fazer amizades variam entre os autistas, dependendo de fatores como personalidade, interesses, contexto social e experiências de vida.

Alguns autistas podem preferir ter um círculo social menor, com poucos amigos íntimos, enquanto outros podem desfrutar de interações sociais mais amplas. As amizades para pessoas autistas podem ser baseadas em interesses compartilhados, atividades em comum, valores compartilhados e uma compreensão mútua.

É importante reconhecer que fazer e manter amizades pode apresentar desafios para algumas pessoas no espectro autista, especialmente devido a dificuldades na compreensão das nuances sociais, na comunicação não verbal e na leitura de pistas sociais. No entanto, muitos autistas encontram maneiras criativas e significativas de cultivar amizades e construir relacionamentos ao longo do tempo.

Oferecer apoio e oportunidades para que pessoas autistas desenvolvam habilidades sociais e interajam com os outros pode ajudar a promover a formação de amizades e o bem-estar emocional. Também é importante valorizar e respeitar as amizades existentes de pessoas autistas, reconhecendo sua importância e contribuição para sua qualidade de vida e felicidade.

135 - Dê exemplo de frases que autistas não entendem direito.

Frases com as quais autistas podem ter dificuldade em entender ou interpretar variam, dependendo das características individuais de cada pessoa e de suas habilidades de comunicação. No entanto, algumas frases que variam, mais desafiadoras para alguns autistas incluem:

"Vamos nos encontrar depois!"

"Não se preocupe, tudo vai dar certo."

"Pare de se preocupar com isso."

"Você precisa ler entre as linhas."

"Não faça isso."

"Você está exagerando."

"Não é nada demais."

"Seja mais sociável."

"Tome cuidado para não ser tão direto."

"Você está sendo muito sensível."

Essas frases podem ser ambíguas, implicar entender nuances sociais, ou envolver expressões idiomáticas que podem não ser interpretadas literalmente por algumas pessoas no espectro autista. Muitas vezes, autistas preferem comunicações diretas e claras, evitando ambiguidades e expressões não literais.

É importante ter em mente que as dificuldades de compreensão podem variar amplamente entre os autistas, e muitos aprendem a interpretar essas frases com o tempo e a experiência. No entanto, uma comunicação direta e clara tende a ser mais eficaz ao interagir com pessoas no espectro autista.

136 - Todas as pessoas autistas são iguais?

Não, os autistas não são todos iguais. O autismo é um espectro amplo, e as pessoas que estão no espectro autista podem variar significativamente em suas características, habilidades, desafios e necessidades. O termo "espectro" reflete essa diversidade.

Algumas pessoas autistas podem ter habilidades de comunicação excelentes e ser altamente funcionais em muitas áreas da vida, enquanto outras enfrentam desafios mais significativos na comunicação, interação social e outras áreas do funcionamento.

Além disso, o autismo pode se manifestar de maneiras diversas em diferentes indivíduos. Por exemplo, algumas pessoas autistas podem ter hipersensibilidade sensorial intensa, enquanto outras podem ser menos afetadas por estímulos sensoriais. Da mesma forma, os interesses, preferências e personalidades podem variar consideravelmente entre as pessoas autistas.

Portanto, é importante reconhecer a diversidade de experiências e características dentro da comunidade autista e evitar generalizações que não capturam a riqueza e complexidade das experiências individuais das pessoas autistas. Cada pessoa no espectro autista é única, e é fundamental abordar suas necessidades e habilidades de maneira individualizada e respeitosa.

137 - Quais são os desafios enfrentados por pessoas autistas no dia a dia?

É importante reconhecer e compreender os desafios enfrentados por pessoas autistas para promover uma maior inclusão, compreensão e apoio em suas comunidades e ambientes. Oferecer apoio, aceitação e adaptações razoáveis pode ajudar a reduzir os impactos desses desafios e promover o bem-estar e a qualidade de vida das pessoas autistas

138 - As pessoas autistas podem levar uma vida independente?

Sim, muitas pessoas autistas podem levar uma vida independente, embora isso possa variar dependendo das necessidades individuais, do nível de apoio disponível e de outros fatores. Para algumas pessoas autistas, a independência pode significar viver de forma autossuficiente em sua própria casa, trabalhar, administrar suas finanças e participar ativamente da comunidade. Para outras, pode envolver formas diferentes de apoio, como viver em uma comunidade de suporte ou receber assistência em certas áreas da vida.

É importante reconhecer que o conceito de independência pode ser diferente para cada pessoa e que algumas pessoas autistas podem precisar de mais apoio do que outras para alcançar seus objetivos de vida. O apoio adequado, adaptações razoáveis e uma comunidade solidária podem desempenhar um papel fundamental para ajudar as pessoas autistas a alcançar a independência e viver uma vida significativa e gratificante.

139 - O que é inteligência limítrofe no autismo?

Inteligência limítrofe, também conhecida como inteligência limítrofe ou fronteiriça, é um termo que se refere a um funcionamento intelectual que está no limite entre a deficiência intelectual (anteriormente conhecida como retardo mental) e um funcionamento intelectual médio. No contexto do autismo, a inteligência limítrofe é aquela em que o QI (quociente de inteligência) está próximo do limiar para a deficiência intelectual, geralmente entre 70 e 85.

Para indivíduos com autismo e inteligência limítrofe, pode haver uma variedade de desafios e pontos fortes. Eles podem ter dificuldades em áreas como habilidades sociais, comunicação e aprendizado acadêmico, mas também podem apresentar habilidades significativas em outras áreas. É importante oferecer suporte e intervenções adequadas para atender às necessidades individuais dessas pessoas e ajudá-las a alcançar seu potencial máximo.

140 - O que é hipofoco no autismo?

O termo "hipofoco" no contexto do autismo não é tão comumente usado quanto o termo "hiperfoco", mas pode ser entendido como o oposto deste.

O hiperfoco é uma característica comum em pessoas autistas, caracterizada por um intenso foco de atenção em um assunto, tópico ou atividade específica. Por outro lado, o hipofoco pode ser descrito como uma dificuldade em manter a atenção ou interesse em uma determinada atividade, tarefa ou conversa. Pessoas autistas com hipofoco podem ter dificuldade em se concentrar em uma única atividade por longos períodos, podem se distrair facilmente ou perder o interesse rapidamente em determinadas situações.

O hipofoco pode ser especialmente desafiador em ambientes onde a atenção concentrada e prolongada é necessária, como na escola, no trabalho ou durante conversas importantes. É importante reconhecer que o hipofoco varia de pessoa para pessoa no espectro do autismo, e estratégias individuais podem ser desenvolvidas para ajudar a lidar com essa dificuldade, se necessário.

141 - Quais os tipos de estereotipias que existem no autismo

As estereotipias são comportamentos repetitivos, sem propósito funcional óbvio, que são comuns em pessoas no espectro do autismo. Esses comportamentos podem variar em tipo e intensidade.

Seguem alguns exemplos:

- Estereotipias Motoras: Essas incluem movimentos repetitivos do corpo, como balançar as mãos, bater com os dedos, balançar o corpo para frente e para trás, rodopiar, torcer os dedos ou brincar com objetos de maneira repetitiva.

- Estereotipias Verbais: Isso pode incluir repetir palavras ou frases sem contexto, ecoar o que foi dito por outros (ecolalia), fazer sons repetitivos ou fazer vocalizações não comunicativas de forma repetida.

- Estereotipias Sensoriais: Alguns autistas podem se envolver em comportamentos repetitivos que incluem estímulos sensoriais, como olhar fixamente para luzes piscando, tocar ou cheirar objetos de maneira repetitiva, ou esfregar certas texturas.

- Estereotipias de Movimento do Corpo Inteiro: Isso pode incluir andar em círculos, pular ou saltar de maneira repetitiva, ou assumir certas posturas corporais por longos períodos.

- Estereotipias de Manipulação de Objetos: Isso pode envolver alinhar objetos de maneira meticulosa, organizar ou reorganizar objetos de maneira repetitiva, ou se concentrar excessivamente em partes específicas de um objeto.

As estereotipias podem variar significativamente entre os indivíduos. Para algumas pessoas autistas, as estereotipias são uma forma de autorregulação sensorial, enquanto para outras representam uma fonte de desconforto ou ansiedade.

O suporte adequado e as estratégias de manejo individualizadas podem ser úteis para ajudar as pessoas autistas a lidar com as estereotipias, se necessário.

142 - Quais os preconceitos em relação às estereotipias no autismo?

Os preconceitos relacionados às estereotipias no autismo podem surgir devido à falta de compreensão e entendimento sobre o autismo.

Aqui estão alguns preconceitos comuns relacionados às estereotipias no autismo:

- Inúmeras pessoas interpretam as estereotipias como comportamentos negativos, sem compreender que elas podem servir como mecanismos de autorregulação para pessoas autistas.

- As estereotipias são frequentemente mal compreendidas como comportamentos sem propósito, ignorando o fato de que podem ter funções importantes para a pessoa autista, como reduzir a ansiedade, aliviar o estresse sensorial ou proporcionar conforto.

- Algumas pessoas entendem que as estereotipias indicam falta de habilidades ou capacidade de uma pessoa autista, o que não é verdade. As estereotipias não estão necessariamente relacionadas à inteligência ou competência da pessoa autista em outras áreas da vida.

- A desaprovação social das estereotipias pode levar à estigmatização e ao constrangimento da pessoa autista, o que prejudica sua autoestima e bem-estar emocional.

- É essencial reconhecer que as estereotipias são comportamentos complexos que podem variar de pessoa para pessoa e que entender o contexto e a função por trás delas é fundamental para fornecer apoio e compreensão adequados.

É importante reconhecer que as estereotipias são parte do espectro do autismo e entender seu significado e função para cada indivíduo pode ajudar a promover uma cultura mais inclusiva e respeitosa em relação ao autismo.

143 – Quais organizações existem como redes de apoio para autista?

Existem várias organizações e redes de apoio dedicadas a ajudar autistas e suas famílias a encontrar recursos, suporte e comunidade.

Relaciono algumas:

- A Autism Society é uma das organizações líderes nos Estados Unidos dedicadas a promover a conscientização sobre o autismo, fornecer suporte para indivíduos autistas e suas famílias, e advogar por políticas que melhorem a qualidade de vida das pessoas no espectro do autismo.

- Autism Speaks é uma organização internacional de defesa do autismo que se dedica a promover a conscientização, a pesquisa e a advocacia em nome das pessoas autistas. Eles fornecem recursos e suporte para famílias, além de financiar pesquisas sobre o autismo.

- A AANE (Asperger/Autism Network) é uma organização sem fins lucrativos que oferece suporte e recursos para pessoas no espectro do autismo, incluindo aqueles com síndrome de Asperger. Eles oferecem grupos de apoio, workshops, orientação para pais e recursos educacionais.

- A ASA (Autism Society of America) é uma organização nacional nos Estados Unidos que fornece informações, suporte e recursos para pessoas autistas e suas famílias. Eles trabalham para melhorar a qualidade de vida das pessoas no espectro do autismo por meio de advocacia, conscientização e educação.

- A AWN (Autism Women's Network) é uma organização que se concentra em promover a conscientização e o apoio para mulheres e meninas autistas. Eles oferecem recursos, grupos de apoio e *advocacy* para mulheres autistas.

- A NAS (National Autistic Society) é uma organização do Reino Unido dedicada a apoiar pessoas autistas e suas famílias. Eles fornecem informações, suporte, serviços de advocacia e campanhas de conscientização sobre o autismo.

- A Autism Canada é uma organização nacional que oferece recursos, suporte e defesa para pessoas autistas e suas famílias em todo o Canadá.

Essas são apenas algumas das muitas organizações e redes de apoio disponíveis para pessoas autistas e suas famílias em todo o mundo. Cada uma oferece uma variedade de recursos e serviços para atender às necessidades específicas da comunidade autista.

144 - Recursos e ferramentas para o mundo corporativo inclusivo.

Promover um ambiente de trabalho inclusivo é fundamental para garantir que todas as pessoas, independentemente de suas características ou condições, possam contribuir e prosperar.

Seguem sugestões de ferramentas e recursos que podem ser úteis para criar um ambiente corporativo mais inclusivo:

- Ofereça treinamentos regulares em diversidade e inclusão para todos os funcionários, incluindo conscientização sobre diferentes condições, como autismo, deficiências físicas, mentais e outras características diversas.

- Desenvolva e implemente políticas claras de diversidade e inclusão que promovam a igualdade de oportunidades, o respeito mútuo e a não discriminação com base em qualquer característica protegida.

- Estabeleça programas de mentoria que conectem funcionários autistas ou com outras condições diversas com mentores que possam oferecer suporte, orientação e oportunidades de crescimento profissional.

- Garanta que as políticas e práticas de acomodação no local de trabalho estejam em vigor para apoiar funcionários com necessidades específicas, como ajustes no ambiente físico, horários flexíveis ou adaptações nas tarefas.

- Forneça recursos de comunicação acessíveis para garantir que todas as informações sejam facilmente compreendidas por funcionários com diferentes estilos de aprendizagem e necessidades de comunicação.

- Explore e implemente tecnologias assistivas, como softwares de tradução de texto para fala, dispositivos de ampliação de texto, ferramentas de planejamento e organização, que podem ajudar funcionários com diferentes habilidades e necessidades.

- Promova a formação de grupos de afinidade e redes profissionais que ofereçam um espaço seguro para funcionários compartilharem experiências, fornecerem suporte mútuo e advogarem por questões de diversidade e inclusão.

- Encoraje e valorize o feedback dos funcionários sobre práticas de inclusão e implemente medidas baseadas nas necessidades e sugestões dos funcionários para criar um ambiente mais inclusivo e acolhedor.

Ao adotar essas ferramentas e recursos, as empresas podem criar um ambiente de trabalho mais acolhedor, inclusivo e produtivo para todos os funcionários, promovendo uma cultura corporativa que valoriza e respeita a diversidade em todas as suas formas.

145 - Como proceder quando um colaborador não se sentir à vontade em trabalhar com um autista ?

Quando um colaborador não se sente à vontade em trabalhar com um colega autista, é importante abordar a situação com sensibilidade, respeito e empatia.

Veja algumas sugestões sobre como proceder:

- Incentive a educação e a conscientização sobre o autismo entre os funcionários. Ofereça informações sobre o autismo, suas características e desafios, para promover uma compreensão mais profunda e uma cultura de respeito mútuo.

- Encoraje o diálogo aberto e honesto entre os membros da equipe. Ofereça um espaço seguro onde os funcionários possam expressar suas preocupações, fazer perguntas e discutir quaisquer desconfortos que possam ter em trabalhar com um colega autista.

- Ofereça suporte e recursos adicionais para os funcionários que possam estar lutando para se ajustar a trabalhar com um colega autista. Isso pode incluir programas de treinamento em diversidade e inclusão, workshops sobre conscientização do autismo ou acesso a materiais educacionais.

- Incentive a prática da empatia e da compaixão entre os membros da equipe. Realce a importância da colaboração e do trabalho em equipe para alcançar os objetivos comuns da organização.

- Se necessário, considere a intervenção de um mediador ou facilitador para ajudar a resolver conflitos ou mal-entendidos entre os membros da equipe. Um mediador neutro pode ajudar a facilitar o diálogo construtivo e encontrar soluções que atendam às necessidades de todos os envolvidos.

- Reafirme o compromisso da empresa com políticas de diversidade e inclusão que valorizam a contribuição de todos os funcionários, independentemente de suas diferenças individuais.

- Considere as circunstâncias individuais e as preocupações específicas dos funcionários envolvidos. Procure soluções que levem em conta as necessidades e preocupações de todos os envolvidos, mantendo o foco na criação de um ambiente de trabalho respeitoso e inclusivo para todos.

Ao abordar o desconforto de um colaborador em trabalhar com um colega autista, é fundamental priorizar a comunicação aberta, a compreensão mútua e o respeito pelos direitos e dignidade de todos os envolvidos.

146 - Como demitir um colaborador autista?

Demitir um colaborador, seja ele autista ou não, é uma decisão séria que deve ser tratada com cuidado, empatia e consideração pelos direitos e bem-estar do colaborador.

Destacamos várias diretrizes sobre como proceder:

- Revisão cuidadosa: Antes de tomar a decisão de demitir um funcionário autista, revise cuidadosamente todas as circunstâncias e considere se houve esforços suficientes para fornecer suporte, acomodações razoáveis e oportunidades para o colaborador ter sucesso em seu papel.
- Feedback e comunicação: Seja claro e objetivo ao fornecer feedback sobre o desempenho e os motivos por trás da decisão de demissão. Certifique-se de que o colaborador entenda as razões por trás da demissão e ofereça apoio emocional durante o processo.
- Ofereça suporte de transição: Ajude o colaborador a navegar pelo processo de transição, fornecendo informações sobre benefícios, recursos de desemprego e assistência para encontrar novas oportunidades de emprego.
- Respeite a privacidade e a dignidade: Mantenha a demissão confidencial e respeite a dignidade do colaborador durante todo o processo. Evite discutir detalhes pessoais ou sensíveis com outros funcionários.
- Ofereça referências e suporte: Esteja disposto a fornecer referências positivas e apoio para ajudar o colaborador a encontrar novas oportunidades de emprego. Ofereça assistência na elaboração de currículos, preparação para entrevistas e conexões com possíveis empregadores.
- Cumpra todas as leis trabalhistas: Certifique-se de cumprir todas as leis e regulamentos trabalhistas relevantes ao demitir um funcionário autista, incluindo notificação prévia, pagamento de indenizações e outros benefícios legais.
- Reflexão e aprendizado organizacional: Após o processo de demissão, reserve um tempo para refletir sobre o que deu errado e como a empresa pode melhorar seus processos de recrutamento, integração e apoio a funcionários autistas e outros com necessidades especiais.

É importante lembrar que a demissão é uma experiência difícil para qualquer pessoa, e é importante abordá-la com empatia, respeito e consideração pelas circunstâncias individuais do colaborador. Ao seguir essas diretrizes, você pode ajudar a garantir que o processo de demissão seja realizado da maneira mais digna e respeitosa possível.

147 – Dê um exemplo de respiração ou outras dicas para ajudar durante uma crise de um colaborador autista.

A respiração de forma adequada é um aliado no momento de uma crise, ela vai oxigenando a mente e assim a deixando menos agitada. O segredo de uma boa respiração está no diafragma.

RESPIRAÇÃO DIAFRAGMÁTICA

Busque um ambiente calmo, sente-se ou deite-se em uma posição confortável:

1 – Apoie uma mão sobre o abdômen

2 – Inspire profundamente até 5 segundos e perceba o abdômen se inchando (expansão abdominal)

3 – Segure o ar por 2 segundos respeitando o seu limite

4 – Relaxe a barriga e solte (expire) o ar lentamente contando até 6 segundos. Repare como o abdômen se desincha

5 – Pratique até acalmar a crise.

RESPIRAÇÃO 4 2 6

1 – Puxe o ar pelo nariz por 4 segundos

2 – Segure o ar nos pulmões por 2 segundos

3 – Solte o ar pela boca lentamente durante 6 segundos

4 – Pratique até a crise melhorar.

CRISE SENSORIAL

Durante uma crise de sobrecarga sensorial o ideal é:

1 – Diminuir ruídos e luminosidade

2 – Ficar em silêncio ou com entonação mais baixa

3 – Possibilite maior conforto corporal (utilize almofadas, algo confortável e macio).

RESPIRAÇÃO CONSCIENTE

Esta técnica é fundamental, mas pode ser difícil de ensinar:

1 – Pegue um copo com a metade de água

2 – Pegue um canudo, ou tubo de caneta sem o tinteiro

3 – Posicione a pessoa sentada em um espaço arejado

4 – Segure o copo e calmamente peça que faça bolinhas de sabão na água, devagar, inspirando pelo nariz e expirando pela boca lentamente.

RESPIRAÇÃO ALTERNADA NASAL

1 – Utilize o dedo indicador para tampar a narina esquerda e inspire pela outra narina contando até 5 segundos lentamente

2 – Na sequência, a narina que "puxou" o ar deve ser usada para "soltá-lo"

3 – Repita 5 vezes esta respiração ou até melhorar a crise.

RESPIRAÇÃO RITMADA

1 – Estabeleça um ritmo de respiração constante e confortável inspirando por 3 segundos

2 – Segure o ar por 3 segundos

3 – Expire o ar lentamente fazendo um biquinho por 3 segundos mantendo o ritmo.

RESPIRAÇÃO DO LEÃO

1 – Inspire profundamente pelo nariz

2 – Ao expirar, abra a boca e deixe a língua pendurada pesada

enquanto solta um suspiro audível

3 – Repita lentamente até que a crise melhore.

TÉCNICA ATENÇÃO PLENA

1 – Coloque a pessoa com a crise em um lugar confortável

2 – Diminua o tom de voz e lentamente diga as frases a seguir que devem ajudar a trazê-la para o aqui e agora e aguarde as respostas para continuar a sequência:

Cinco coisas que possa ver

- Quatro coisas que possa tocar
- Três coisas que possa ouvir
- Duas coisas que possa cheirar
- Uma que possa experimentar o sabor

3 – Tenha paciência e devagar a pessoa irá sair da crise.

Capítulo 5

DEPOIMENTOS

Dr. André Mota

O Dr André Mota abrilhanta esta obra descrevendo a importância da inclusão e apoio ao colaborador autista:

"A inserção do autista no mercado de trabalho

O Transtorno do Espectro Autista (TEA) é uma alteração do neurodesenvolvimento que afeta a maneira como uma pessoa percebe e interage com o mundo ao seu redor. Embora traga desafios únicos, também é importante reconhecer as habilidades e os talentos que muitas pessoas com autismo possuem. Hoje, gostaria de destacar a importância da inserção dessas pessoas no mercado de trabalho.

Uma das principais razões para promover a inclusão de pessoas com autismo (também chamadas de pessoas atípicas) no ambiente de trabalho é o potencial inexplorado que elas trazem consigo. Tais indivíduos, muitas vezes, têm habilidades especiais, como: memória detalhada, capacidade de concentração intensa e pensamento lógico apurado. Essas habilidades podem ser valiosas em uma variedade de setores profissionais, desde áreas tecnológicas até artísticas.

Além disso, a inclusão de pessoas com TEA no mercado de trabalho cria uma sociedade mais justa e igualitária. Todos merecem ter a oportunidade de contribuir para a sociedade e de serem valorizados por suas habilidades e conhecimentos. Ao abrir as portas do mercado de trabalho para pessoas com autismo, estamos rompendo barreiras e estigmas, promovendo a diversidade e permitindo que todos os indivíduos se sintam parte integrante da comunidade.

Vale salientar que a inclusão no local de trabalho não beneficia apenas os indivíduos atípicos, mas também as empresas e a economia em geral. Equipes com diversidade são mais criativas, inovadoras e eficientes. Ao contratar pessoas com autismo, as empresas estão agregando perspectivas únicas e diferentes pontos de vista, o que pode levar a soluções mais inovadoras e à conquista de novos mercados.

No entanto, para que esta integração seja efetiva, é essencial fornecer o apoio adequado. Os empregadores devem estar dispostos a adaptar o ambiente de trabalho, fornecer treinamento e orientação adequados, e criar um ambiente inclusivo e acolhedor para todos os funcionários. Com a devida compreensão e apoio, as pessoas atípicas podem florescer profissionalmente e contribuir significativamente para o sucesso de suas equipes.

Em resumo, a inclusão de pessoas com autismo no mercado de trabalho é uma necessidade imperativa para nossa sociedade. Promover a diversidade, valorizar as habilidades únicas e permitir que todos tenham a oportunidade de contribuir são passos fundamentais para a construção de uma comunidade mais inclusiva. Ao abrir nossos corações e mentes para a inclusão, abrimos também um mundo de possibilidades para indivíduos com TEA, capacitando-os a alcançar seu pleno potencial e fazer a diferença em nossas vidas".

Pedro Lisboa

Sempre digo a todas as pessoas com as quais converso sobre o autismo que não existe forma mais verdadeira do que ouvir e ler o relato de uma pessoa dentro do espectro autista.

Segue o depoimento incrível e emocionante do querido Pedro Lisboa, que nos ensina com suas palavras e vivências ....

A minha vida Neurodivergente

Olá, eu sou o Pedro Lisboa. Eu nasci no Brasil em São Paulo, na cidade de Sorocaba. E eu sou neurodivergente, ou em outra palavra, um autista. A primeira coisa que as pessoas pensam quando elas conhecem uma pessoa neurodivergente é que essa pessoa é alguém esquisito ou um doido. Que essa pessoa é burra ou ignorante e não vale a pena tentar conhecer essa pessoa, como ela é ou como ela pensa. Mas isso não é verdade. Eu sou como vários outros autistas; somos nossas próprias pessoas e a gente merece ser tratado com o mesmo respeito do que qualquer outro. Muita gente pensa com esse preconceito porque elas não conhecem o que neurodivergência realmente é, e invés acreditam em mitos e falsificações. Mas eu, como vários outros, esperamos derrubar o estigma da neurodivergência e do autismo falando sobre o que realmente é. Mas para vocês terem uma melhor ideia de entender sobre o autismo, eu tenho que lhe contar a história da minha experiência com a neurodivergência.

Descobrindo quem eu sou

Eu nasci em 14 de dezembro de 1991. No início eu agia como qualquer outra criança; curioso, animado e agitado. Mas, ao chegar na idade de dois anos e meio, os meus pais perceberam que eu estava agindo estranho. Eu fiquei quieto, eu não falava e eu ficava longe das outras crianças, preferindo ficar sozinho. Eles me levaram em vários médicos e psiquiatras para tentar descobrir o que estava havendo comigo, e um deles disse que eu estava diagnosticado no Transtorno do Espectro Autista (TEA), ou seja, com autismo. A minha família ficou assustada porque isso foi numa década bem diferente; o autismo e a neurodivergência não eram bem conhecidos nesse tempo e eles ficaram com medo com o que isso significava para mim e para o meu futuro.

Os meus pais fizeram tudo para aprender sobre o autismo e a neurodivergência e o que isso queria dizer para mim. Eles compraram livros sobre o tema e leram os livros junto comigo para eu aprender com eles. Eles me mandaram para sessões com especialistas e até em um hospital na universidade de Yale nos EUA (nesta época, nossa família morava nos EUA) para entender mais sobre as minhas características. Depois de um tempo estudando sobre este tema, os meus pais perceberam que não tinham nada de temer da neurodivergência. A neurodivergência só mudava o meu comportamento e a minha socialização com os outros.

Mesmo com os meus pais descobrindo sobre o autismo eles decidiram não me contar ainda sobre esta característica que eu tenho, pois eles acharam melhor eu estar emocionalmente mais preparado para ouvir algo tão complexo. E eu comecei a questionar sobre mim quando eu tinha 10 anos. Eu percebi que eles estavam fazendo coisas para mim que os pais de outras crianças não faziam, e eu perguntei para eles o porquê. E foi neste tempo que eles revelaram que eu era uma pessoa autista. Comigo estando mais emocionalmente preparado, eu ainda me questionei o que que isso queria dizer para mim. Eu me perguntei:

"Quem eu sou?"

"O que eu sou?"

"O que que isso quer dizer para mim?"

"Eu sou uma pessoa esquisita?"

"O que as outras pessoas vão pensar de mim?"

Tudo isso passou pela minha cabeça e apesar de estar mais emocionalmente preparado como os meus pais esperaram, eu ainda tinha dúvidas e medos do que eu descobri sobre mim. Eu temia de ser diferente de outras pessoas. Eu até pensei que eu era um dos doidos, uma pessoa estranha no mundo. E com estas perguntas na minha cabeça, agora foi a minha vez de estudar e descobrir sobre a neurodivergência, o autismo e quem eu era.

Agora que eu estava ciente de quem eu era, eu levei mais a sério as minhas sessões de terapia e o estudo da neurodivergência. Mesmo eu aprendendo mais coisas sobre as minhas características da neurodivergência, eu ainda estava com dúvidas e medos sobre o que queria dizer para mim por muito tempo. Demorou anos para eu completamente aceitar quem eu era.

As minhas seções de terapia me ajudaram e estudando sobre o tema também ajudou, mas foi uma empresa incrível, a Specialisterne, que me ajudou a ver como eu posso usar o meu autismo para o meu benefício. Graças a eles eu percebi que a minha neurodivergência me faz ser mais analítico e detalhista, vendo uma imagem como vários pedaços de quebra-cabeças invés de um pedaço inteiro. A missão da Specialisterne é ajudar as pessoas com as características autistas a conseguir colocação no mercado de trabalho para mostrar que estas pessoas conseguem ter um trabalho e vida gratificantes. Eles me treinavam em trabalhar com programas, ferramentas do Microsoft Office, conversas particulares sobre o que está sentindo se for preciso, socializar com os meus colegas e trabalhar em equipe. É graças a esta empresa e os seus empregados que eu estou trabalhando em uma empresa incrível, diversificada e inclusiva.

Graças ao empenho da Specialisterne, eles conseguiram obter trabalho para mim na empresa Dow Química. A Dow Química não é somente uma empresa multinacional, mas também é uma empresa que é muito diversificada e inclusiva. Eu tive muita sorte de a minha primeira empresa ser a Dow Química, pois a cultura da empresa dá importância à nossa saúde, física e mental. A empresa apoia todas as pessoas sem nenhuma discriminação. Pessoas idosas, mulheres, pessoas com orientações sexuais diferentes e pessoas com deficiências, inclusive o autismo. Nos meus primeiros dias quando eu estava trabalhando como contratado, quando cometia erros de iniciante e perdia a cabeça, sempre me corrigiam com compreensão e nunca me julgaram ou me evitaram. Agora eu faço parte de um grupo chamado DEN (Diversity Employee Network). Neste grupo, a gente consegue conscientizar outras pessoas sobre nossas deficiências e combater contra os seus estigmas. Além do autismo, a gente também apoia pessoas surdas, mudas, cegas, paraplégicas, Síndrome de Down e muito mais. A Dow Química e a Specialisterne são bons exemplos de como tratar as pessoas que estão no espectro, e eu creio que mais empresas deveriam seguir o exemplo.

O que é o autismo e a Neurodivergência?

O transtorno do espectro autista (TEA) é um distúrbio do neurodesenvolvimento caracterizado por desenvolvimento atípico, manifestações comportamentais, déficits na comunicação e na interação social, padrões de comportamentos repetitivos e estereotipados, podendo apresentar um repertório restrito de interesses e atividades. O Transtorno do Espectro Autista (TEA) é resultado de alterações físicas e funcionais do cérebro e está relacionado ao desenvolvimento motor, da linguagem e comportamental. Cerca de 1 em cada 100 crianças tem autismo. O TEA afeta o comportamento de qualquer pessoa.

Entretanto, o que é que causa o autismo e a neurodivergência? No geral, o transtorno do espectro do autismo é caracterizado por deficiências de linguagem, comunicação (como falar em um tom monótono), comportamento social e inteligência emocional, como manter o contato visual, identificar expressões faciais e compreender gestos comunicativos, expressar as próprias emoções e fazer amigos. Além disso, os interesses e atividades são poucos, e os interesses que têm são intensos, sendo realizados de forma repetitiva. Porém, o nível de envolvimento é bastante variável, pois há indivíduos que podem frequentar o ensino superior e levar uma vida próxima à de uma pessoa neurotípica. Para ajudar a lidar com estas características, uma pessoa neurodivergente pode fazer algo chamado de "stimming", movimentos repetitivos bem comuns em pessoas com autismo. Normalmente, elas acontecem quando a pessoa recebe muitos estímulos ao mesmo tempo e precisa de ajuda para controlá-los e lidar com determinada situação.

As causas do autismo permanecem um mistério, sendo desconhecidas. Mesmo eu, alguém que está no espectro e leu e estudou sobre o tema, não conheço tudo. Acredita-se que a origem do autismo seja genética e esteja relacionada a anomalias em alguma parte do cérebro ainda não definida de forma conclusiva.

Lutando contra o estigma e preconceito

A maioria das pessoas não entende o que é a neurodivergência, e então elas começam a julgar as pessoas que têm autismo. Apesar de a consciência do autismo ter aumentado, também aumentaram os preconceitos. É normal ter medo e estar ansioso sobre ser autista, mas com o apoio certo e o treinamento correto é possível sim superar os desafios. Eu agora estou confortável de ser uma pessoa que está no espectro neurodivergente. Eu não tenho vergonha de admitir quem eu sou, ninguém deveria ter vergonha disso. E eu quero ajudar as pessoas que se sentem assim; ajudar as pessoas e seus familiares a ficarem em paz sabendo que há pessoas querendo ajudar os seus amados diagnosticados com autismo.

Entre os neurodivergentes que se sintam inseguros com as suas características, pode ser que eles sofreram preconceito simplesmente porque eles estão no espectro ou temem encarar tal preconceito. Então, eles tentam esconder as suas identidades neurodivergentes com o 'Masking', um comportamento onde eles tentam agir como as pessoas neurotípicas e misturar-se com elas. Os neurodivergentes que fazem o 'Masking' tentam imitar o que os neurotípicos fazem, como comportamento, falas e expressões. O 'Masking', em algumas situações, até pode ser útil, pois pode ajudar crianças e adultos neurodivergentes a obter maior aceitação social e aumentar a autoconfiança. Porém, se for usado de maneira excessiva, pode prejudicar e levar ao *burnout* e depressão. Usar o 'Masking' o tempo todo é cansativo e estressante. É importante para pessoas neurodivergentes sentirem-se aceitas pelo mundo externo e achar a sua comunidade. Com o tempo e o apoio de familiares e amigos, os sorrisos dos neurodivergentes serão verdadeiros ao invés de forçados.

Uma possível razão porque muitos têm preconceitos contra os neurodivergentes pode ser a frustração de tentar se comunicar com um deles. Pode ser difícil tentar falar com um autista, pois às vezes eles não podem entender ou são lerdos a entender o que a gente fala. Mas eles não fazem isso por mal, eles realmente têm dificuldade em entender algumas conversas e sinceramente querem entender. Precisa ter paciência e falar com a maior clareza possível para a pessoa neurodivergente compreender do que está falando, especialmente os seus familiares.

Pode ser difícil saber como apoiar alguém que está sofrendo com a pressão de tentar se adaptar a um mundo que não está preparado para sua maneira de pensar. Mesmo as pessoas que não foram diagnosticadas com autismo podem tentar mascarar diferenças como transtorno de déficit de atenção e hiperatividade (TDAH), transtorno de processamento sensorial e dificuldades de aprendizagem. Temos que mostrar aceitação, não levar as explosões para o lado pessoal e encontrar soluções alternativas para controlar a estimulação (como caminhar).

Na vida pessoal, o preconceito do autismo vem da desinformação e mitos não verídicos como ser 'infectado' por autismo pela seringa, um mito que já foi desaprovado faz muito tempo. O autismo não é uma doença, então eu me recuso de chamar o que a gente tem como "sintomas". O que nós temos são "características".

O estigma sobre o autista ser antissocial é algo muito comum, porém há muitas pessoas neurotípicas e que também são antissociais. Então a pergunta, por que uma pessoa é autista se tem pessoas neurotípicas com este comportamento? A resposta tem a ver com a personalidade e as características de tal pessoa. Uma pessoa pode realmente gostar de socializar com os outros apesar de estar no espectro e outra pode gostar de se isolar apesar de ser neurotípico.

Adicionalmente, cada pessoa no espectro é diferente da outra, cada um tem seus próprios valores e variedades no espectro do autismo. O sentido do espectro é para mostrar que tem um intervalo. Pensando que nós somos todos iguais é o oposto de um espectro. Nós não somos um "você conheceu um conheceu todos" tipo de grupo. Individuais neurodivergentes no espectro têm tantas variedades quanto os neurotípicos, e não é simplesmente uma escala de "alto-funcionamento" ao "baixo-funcionamento". Um bando de fatores variáveis compõe cada perfil individual, incluindo, mas não restrito a problemas com sobrecarga sensorial, coordenação física ou comunicação. E por favor, lembrem que as neurodivergências não discriminam por gênero, raça ou idade. Não há nenhum típico, nos enfiar todos juntos em círculo típico não ajuda.

Uma das razões que eu estou escrevendo este capítulo é para ajudar não somente as pessoas que estão no espectro, mas também seus familiares. Como eu mencionei antes na seção de descobrindo quem eu sou, quando a minha mãe ouviu falar que eu era autista, ela ficou com receio sobre o que iria ser de mim. No começo, ela pensou que o autismo fosse uma doença ou um sintoma que impedisse que eu vivesse uma vida normal. Mas ela pesquisou e estudou sobre o tema e ela viu que não tinha o que temer. Sim, eu, como outros no espectro, precisamos de ajuda especial para podermos entender melhor sobre as dicas sociais, como funciona o mercado de trabalho, como entender direito as ferramentas e equipamentos dos nossos cargos, e muito mais. No meu condomínio, tem uma mãe que tem um filho autista e ela está preocupada com o futuro do filho. Daí ela conheceu a minha mãe e eu, e quando ela ouve sobre o que eu consegui fazer apesar de ser autista, ela fica fascinada e aliviada ao ver que tem ajuda e esperança para o seu filho. E isso é um dos meus objetivos: apoiar as pessoas autistas e assegurar aos familiares das pessoas no espectro que sim tem como dar um futuro bom para os seus filhos. É preciso de muito amor, paciência, apoio e assistência de especialistas nas neurodivergências.

Pesquisas mostram que profissionais autistas podem ser até 140% mais produtivos do que um funcionário típico quando adequadamente adaptados aos empregos. Embora não devamos generalizar tais resultados para toda a população, a investigação mostra que os profissionais no espectro do autismo trazem pontos fortes valiosos para o local de trabalho, incluindo (mas não limitados a) a compreensão de sistemas complexos, focando-se de forma independente em tarefas, fiabilidade e lealdade. Ainda assim, no Reino Unido, a taxa de desemprego das pessoas autistas chega a 78%. Nos EUA, esse número salta para 85%. Um relatório de 2020 sobre os empregadores do Reino Unido lança alguma luz sobre estes números, já que 50% dos gerentes inquiridos admitiram que não contratariam candidatos neurodivergentes. Esta discriminação é um problema sistêmico. Por exemplo, considere uma grande barreira no local de trabalho: o processo de candidatura a emprego. Tanto o processo quanto o conteúdo em torno de "como conseguir uma entrevista de emprego" favorecem fortemente a neurotipicidade. Como consequência, muitas pessoas autistas sentem-se pressionadas a seguir os conselhos populares e parecem tão não-autistas quanto possível para conseguir e manter um emprego.

Eu creio que uma das razões pelas quais os empregadores não contratam as pessoas neurodivergentes é porque eles pensam que, já que uma pessoa autista é considerada um deficiente, que ela vai precisar de "tratamento preferencial" no trabalho. Isso não é verdade. Sim, precisamos de tratamento especial para melhor entender como trabalhar, mas isso não quer dizer que é preferencial. Eu não quero ser tratado com dó ou como se eu fosse melhor do que outros empregados, eu quero ser tratado e respeitado igualmente como qualquer outra pessoa.

Um preconceito "positivo" pode ser a maioria do povo pensar que pessoas no espectro são supergênios e altamente inteligentes, mas isso não é verdade. Não é como Hollywood nos mostra, nós não somos super-robôs com alta habilidades de cálculo. Esta crença só nos prepara para o fracasso e o desapontamento. A verdade é que achamos atividades bem básicas como falar ou marcar compromissos bem difíceis. Adicionalmente, este pedestal dá a impressão que não precisamos de empatia ou suporte porque nós somos tão dotados. Porém, isso não quer dizer que somos todos incapazes. Lembra o que eu falei de variedade, é isso que eu quero dizer. Infelizmente, até tem especialistas bem-intencionados que podem dizer que aqueles que estão no espectro serão eternamente uma carga, sem nenhuma habilidade para aprender ou melhorar. Isso cria o preconceito de que nunca vamos cursar uma faculdade, nunca ter um emprego, e mais. A gente aprecia que a nossa dificuldade maior com as atividades normais agora está sendo reconhecida, mas chamando-as de "impossíveis" ou "nunca" nos nega o encorajamento e orientação que a gente precisa para avançar. Este preconceito arrisca e força a gente a ser menos autossuficiente.

Algo que eu quero falar que eu creio que é muito importante é que a gente não está tentando fazer vocês se sentirem inquietos. É uma característica bem conhecida que o desconhecido ou não familiar é assustador, mas pode ser ilógico. Temas sociais que podem ser automáticos para você são coisas que nós autistas temos que executar tão conscientemente quanto fazer um exame. Deixe-me dar um exemplo: 'você fala com alguém. Você consegue ficar em pé ou sentar naturalmente a uma boa distância que é aceitável na cultura em que você vive. Você olha nos olhos da pessoa e quebra o contato visual a cada poucos segundos. A outra pessoa reage a algo que você disse com uma expressão muito surpreendida. Você pausa e ajusta o seu tom de voz e volume para continuar a conversa de acordo com a reação e o ambiente.'

Você pensou sobre tudo isso? Você realmente pensou "Ah, eles parecem estar surpreendidos, eu tenho que reagir apropriadamente!" Provavelmente não, você apenas faz isso. Mas você sabe o que acontece conosco, os autistas? A gente pensa conscientemente de todo aspecto como diz esse parágrafo da história. "Eu preciso quebrar o contato visual de vez em quando." "Eu estou longe demais, ou perto demais?" "Ok, a pessoa parece estar surpreendida e chocada." "Como é que eu respondo a isso?"

E a nossa neurologia quer dizer que isso não pode ser aprendido como uma resposta autônoma, a gente memoriza regras e roteiros para o seu conforto para que você possa sentir que a gente apareça normal o suficiente para se comunicar conosco. Senão, vamos parecer não naturais ou possivelmente esquisitos para você, e seremos evitados ou pior.

Mais um exemplo: quando alguém fica perto demais ou dá risada e sorri no momento errado, pode parecer realmente esquisito e às vezes ameaçador, mas só se essa pessoa estiver bem naturalmente consciente de que estes comportamentos não são aceitáveis e os faz mesmo assim. A gente sinceramente não tem ideia e às vezes tem um atraso antes da nossa consciência entrar em ação e dizer "Ei, agora não é hora de dar risada. E você está perto demais da pessoa. Olhe para você, agora você só está olhando com um olhar estranho para a pessoa, você não quebrou o contato visual em tempo. Ok, como é que você vai se ajustar agora?". Infelizmente, as nossas diferenças neurais não são visíveis e a conscientização ainda não está no ponto quando o povo automaticamente considera "Espera, esta pessoa está no espectro?". Ainda é pela maioria, um pulo automático para a pessoa assumir o pior de nós e pensar que somos perigosos. E isso é especialmente perigoso para nós porque somos sete vezes mais prováveis de encontrar autoridades policiais e estes encontros muitas vezes se tornam violentos quando nossos maneirismos e respostas ao estresse são mal interpretados como suspeitos ou ameaçadores.

Se perguntem, fazendo todo aquele processamento extra parece exaustivo? A resposta é sim. Estamos constantemente navegando em uma realidade que espera coisas que não são naturais e neurologicamente não podem ser autonomamente aprendidas por nós, não é uma escolha. Somos forçados a manualmente esconder, ou "mask", o nosso comportamento para nos misturar com os neurotípicos. Quando a gente faz o "mask", a gente odeia ouvir que estamos agindo "normais" ou "menos autista" como se fosse um complemento. Na realidade, isso só quer dizer que somos muito bons em esconder o estresse constante, horas de preparo antes de uma atividade e horas de *burnout* depois. A análise excessiva sem fim, anos de trauma e desenvolvimento de grandes problemas psiquiátricos e de saúde. Nossa expectativa de vida média é só 36 anos, algo que pode ser parcialmente explicado pelo aumento da taxa de suicídio. É 9 vezes maior do que a população geral para adultos e 28 vezes maior para crianças. Aqueles de nós que foram rotulados como "alto-funcionamento" ou "leve" pelos outros não estão necessariamente lutando menos, somos apenas melhores em fingir.

Algo que eu quero seriamente falar, a nossa realidade não é a sua piada.

O autismo é uma condição neurológica médica real. Não é uma escolha, nós não escolhemos ser autistas. Brincando sobre isso ou usando o termo "autista" como um insulto improvisado, diminui a gravidade da realidade. Também, permita que a nossa condição médica real seja agrupada com outros estereótipos e insultos que diminuem o valor da nossa luta. As pessoas ignorantes veem as nossas dificuldades sociais e rotulam-nos como solitários, esquisitos e ineptos, sem nos dar um segundo pensamento pelas dificuldades que estão fora do nosso controle. Nós neurodivergentes já estamos fazendo esforços imensos diários para que vocês se sintam confortáveis e manter as normas básicas sociais do seu mundo neurotípico. E a gente faz tudo isso para você, o normal. Então imagine como é, apesar de tudo que a gente faz, nós somos despedidos, humilhados ou vilanizados. Para evitar fazer isso, você apenas precisa perguntar ou se importar o bastante para acertar alguns fatos.

Eu sei que eu escrevi muito, mas eu quero aumentar a conscientização e o entendimento do espectro neurodivergente, que eu espero que traga a aceitação verdadeira. Uma vez, fizeram uma pergunta para mim se eu acho o autismo ruim. Eu respondi não, porque, como expliquei antes, eles são muito efetivos e impressionantes em trabalhos certos para eles. E como já foi provado, não é doença! Então o autismo é bom? Eu também respondi não. Por quê? Porque se eu dissesse sim, eu iria estar romantizando o autismo, e não é isso que eu quero fazer. Eu não quero seguir os passos de Hollywood. Então se autismo não é bom ou ruim, o que é? A minha resposta foi: o autismo é um modo de vida. É algo com que eu vou viver pelo resto da minha vida e mesmo com os meus lutos, eu vou apreciá-lo ao máximo que eu puder junto com a minha família e meus amigos.

Por fim, eu quero agradecer os seguintes individuais e grupos que me ajudaram a ser a pessoa que eu sou hoje:

Dr. José Salomão Schwartzman, Neurologista da infância e adolescência

Dra. Ceres Alves de Araujo, Psicóloga especializada em autismo

Dra. Jacy Perissinoto, Fonoaudióloga especializada em autismo

Dr. Ami Klin – Yale, Psicólogo especializado em autismo

Dr. Glen R. Elliot – University of California San Francisco, Ph.D., M.D.

Robert Schultz – Yale, Ph.D.

Bryna Siegel – University of California, San Francisco

Tony Atwood - Psicólogo especializado em autismo

Specialisterne, empresa que fornece cursos de capacitação para pessoas dentro do Transtorno do Espectro do Autismo.

Dow Química, uma empresa bem inclusiva e diversificada que me ajudou e a muitas outras pessoas a serem incluídas no mercado de trabalho.

E a minha família, por sempre me apoiar e ajudar no decorrer da minha vida, com muito amor e felicidade.

Capítulo 6

Considerações Finais

Cintia Castro

É tão inacreditável quando temos que levantar uma bandeira por igualdade, não importa qual o tema.

É tão desumano, que após um diagnóstico que para os pais já não é algo fácil e se torna desafiador, ter que pensar no futuro de seus filhos em relação a inclusão, inclusão social, inclusão acadêmica, inclusão corporativa, quanta inclusão uma família tem que enfrentar para algo tão simples e complexo que é viver em sociedade.

Será que as coisas não estão invertidas?

Será que a nossa sociedade não está doente e mais individualista?

Que tipo de ser humano tem a arrogância e a prepotência de considerar ter o poder de incluir alguém?

Me pergunto aonde vamos parar como sociedade.

Incluir porque você nasceu com alguma diversidade. E as diversidades que no decorrer da vida qualquer pessoa pode enfrentar, vamos excluir e incluir também? Ninguém pensa nisso!?!?...

Deveríamos como sociedade nos unirmos e não nos separarmos por discriminação.

Ao nascer temos os mesmos direitos de qualquer outra pessoa - "Direitos e Deveres". Quando nascemos recebemos nomes, documentação, fazemos aniversários, crescemos, evoluímos, nos frustramos, decepcionamos, somos decepcionados e morremos, como todos ao nosso redor e por que acreditamos em discriminações estruturais?

Difícil pensar o que estamos construindo e deixando para as gerações seguintes em pleno Século XXI e ainda temos que "incluir" pessoas ao "nosso" mundo típico.

Quando escuto cada mãe, cada pai, autistas contando suas histórias, suas dores, suas preocupações, suas dúvidas me deparo com a minha maior dor como profissional que é vê-los contentes e celebrando por algo tão simples e que deveria ser corriqueiro que é quando seus filhos e familiares conseguem ter um amigo sem preconceito, uma vaga em uma escola/creche/universidade, um trabalho. Compreendo perfeitamente suas alegrias e são completamente válidas, claro, mas é fato que são injustas perante tudo que se tem direito como sociedade, como seres humanos.

Que todas as obras escritas por mim, "Mãe de Autista, e agora?", "Meu aluno é autista, e agora?" e este "Meu colaborador é autista, e agora?", possam de alguma maneira contribuir para uma sociedade justa através do conhecimento e relatos que junto com a Editora Leader trago nestes trabalhos.

Obrigada a você que de alguma forma quis conhecer mais e se aprofundar neste tema tão importante para a nossa sociedade que é o autismo e se tornar uma pessoa mais consciente, carinhosa, respeitosa e amável com as pessoas dentro do espectro autista, seus familiares, e amigos e por proporcionar um mundo melhor para eles e principalmente para você e seus valores pessoais.

Obrigada, Andréia Roma, por me proporcionar a oportunidade de escrever esta trilogia e pela confiança no meu trabalho e por nossa amizade.

Obrigada a minha família, meu marido, meus filhos, meus pais e amigos pelo incentivo e carinho de sempre, sou privilegiada por tê-los em minha vida e que eu seja capaz de cultivar o amor que nos liga, amo cada um de vocês de uma maneira singular.

Obrigada, Deus, por tudo na minha vida!!!

Andréia Roma

Quero contar porque criamos esta coleção de livros "Sou Autista, e agora?".

Houve um tempo após o nascimento da minha filha em que percebi algo especial. Ela cresceu cercada pelo meu amor, e por um tempo, isso foi suficiente. Desde cedo, ela mostrou uma independência que, às vezes, me assustava um pouco. Ela não tinha medo de nada. Quando ela tinha entre sete e oito anos, enfrentamos nossas primeiras batalhas juntas: a alfabetização. Foi difícil, ela apresentava dificuldade em memorizar rapidamente, mas alguém precisava estar lá para ajudá-la. Então, tive a ideia de visitar a escola dela e pedir apoio à diretora e à professora. Apesar de alguns momentos em que a professora mostrou impaciência, eu expliquei gentilmente que precisava desse apoio e carinho. Não mencionei minha filha diretamente, mas pedi cuidado para uma criança que precisava. Levei alguns livros e expliquei como aprendi, pontuando como isso poderia ajudá-la. Com esse cuidado desde o início, ela aprendeu a ler e escrever, uma vitória que guardo com carinho. Quando abracei a diversidade, entendi a missão de garantir que minha filha tivesse seu lugar no mundo. Mesmo sem revelar seu diagnóstico de TEA na infância, mostrei a ela que era capaz de alcançar seus sonhos. Aos 23 anos, enfrentamos outro desafio. Ela percebeu que precisava de apoio especial na faculdade, e foi quando a encorajei a procurar médicos especialistas. Quando ela descobriu seu diagnóstico de autismo, foi um choque para ambas, mas eu a assegurei de que continuava sendo minha filha. Cintia Castro, uma parceira incrível nesse processo, esteve ao nosso lado. Encontramos pessoas que transformam nossas vidas para melhor, e Cintia foi uma delas. Não desisti, e agora estou prestes a ver minha filha se formar em Medicina, sua escolha desde sempre. Quando ela decidiu se especializar em Oncologia, eu me emocionei mais uma vez. Ela se casou aos 25 anos e continua estudando Medicina.

Eu lhe dei asas para voar, acreditando em seu potencial. Acredite, você pode ir além. Obrigada por ler este livro; espero que o compartilhe com aqueles que precisam ler sobre este assunto.

Andréia Roma
Mãe da Larissa e CEO da Editora Leader

Referências

Secretaria da Pessoa com Deficiência
www.pessoacomdeficiencia.sp.gov.br

Secretaria da Fazenda
www.fazenda.mg.gov.br

Jusbrasil
www.jusbrasil.com.br

Instituto Brasileiro de Geografia e Estatística - IBGE
www.ibge.gov.br

Ecossistema Declatra
www.declatra.adv.br

Tribunal Superior do Trabalho - TST
www.tst.jus.br

Autismo Legal
www.autismolegal.com.br

Consultor Jurídico
www.conjur.com.br

Autismo e Realidade
www.autismoerealidade.org.br

Neuro+Conecta
www.neuroconecta.com.br

Defensoria Pública do Estado do Amazonas
www.defensoria.am.def.br

Anotações